ANDREAS GEITL

FEINE
Bayerische
KÜCHE

FOLTYS EDITION

Alle Rezepte sind, wenn nicht anders angegeben,
für 4 Personen berechnet.

Abkürzungsverzeichnis:

MSP = Messerspitze

TL = Teelöffel

EL = Eßlöffel

g = Gramm

kg = Kilogramm

Kleines Sprachlexikon:

Reherl = Pfifferlinge

Schwammerl = Pilze

Gmias = Gemüse

Gröstl = Geröstetes

Zipfe = Wurstenden, Würste; hier: fingerdicke Teigrollen

Supp'n = herzhafte, kräftige und nahrhafte Suppe

Supperl = leichte, meist aufgeschäumte Suppe

IMPRESSUM
© F/O/L/T/Y/S EDITION
Kathi-Kobus-Straße 24
80797 München
Telefon (089) 123 64 80
Fax (089) 123 67 70

Fotos   Food: Studio L'Eveque, München
        Personen: Studio FAC, Robert de Flers, München
Lithographie: MCR, Holzkirchen
Satz: Rose & Paps, München

Printed in Gemany

ISBN 3-929094-13-4

Inhaltsverzeichnis

Vorwort
Seite 5

Vorspeisen
Seite 7

Suppen – alle zum Löffeln
Seite 29

Fischgerichte
Seite 47

Fleisch und Innereien
Seite 71

Wild und Geflügel
Seite 99

Was es so dazu gibt
Seite 119

Schwammerl und Gmias als Hauptsache
Seite 137

Käse – nicht nur zum Brot
Seite 155

Für alles eine Sauce – Grundrezepte
Seite 169

Lauter süße Sachen
Seite 181

Register
Seite 206

Vorwort

Dies ist kein Buch nur für eine schnelle Küche. Natürlich gibt es Gerichte, die man Ruck-Zuck zubereiten kann. Aber: Ich möchte Sie, liebe Freunde der guten Küche, zum Spaß am Kochen animieren. Genießen Sie Vor- und Zubereitung ebenso wie das Essen selbst. Versuchen Sie ein Essen zu planen, vor allem, wenn Sie Freunde einladen. Bereiten Sie alles möglichst gut vor, so kann in der Endphase nicht mehr viel schief gehen. Es ist besser, z. B. eine Suppe in Ruhe vorzubereiten, abkühlen zu lassen und wieder zu erwärmen, als diese hastig und schnell, schnell im letzten Augenblick fertigzustellen. Wir Köche sagen: Gut vorbereitet - ist halb serviert.

Geben Sie einem Gericht ihre eigene persönliche Note. Lassen Sie sich inspirieren von den Rezepten, von den Fotos, von der Sonne, von der Jahreszeit, vom Gemüsemarkt und von dem, was in Ihrem Kühlschrank steht. Hundertprozentig nachzukochen, macht doch weniger Spaß, als wenn Sie Ihr eigenes Gusto miteinfließen lassen können. Was macht es aus, wenn Sie mal ein bißchen mehr Knoblauch oder etwas weniger beigeben. Vielleicht ist Ihnen heute nach einer besonders leichten feinen Küche zumute. Morgen nach einem schönen deftigen Braten mit viel vollmundiger Sauce zum Löffeln. Vielleicht überraschen Sie sich mal selbst mit einer Vorspeise, die gar nicht unter der Rubrik steht. Vielleicht variieren Sie das eine oder andere Rezept, ändern eine Beilagenempfehlung. Machen Sie's - tun Sie's. Sie werden sehen, es macht Spaß und es ist plötzlich "Ihr Rezept". Packen Sie doch mal ein Stück Geflügel in eine Kartoffelkruste anstatt einer Seezunge. Würzen Sie die Sauce mit einem Schuß Sherry oder kreieren Sie eine Salatsauce, bei der Früchte eine wichtige Rolle spielen. Und noch ein's: Genießen Sie's; Kochen und Essen.

Ihr

Andreas Greßl

VORSPEISEN

Joghurtsülze vom Lachs und seinem Kaviar

Schrobenhausener Spargel a l'Orange

Räucherfischkipferl

Feldsalat mit Blaukraut-Dressing und Walnüssen

Blutwurst-Birnen-Strudel auf Sauerkrautsauce

Schwammerlsulz'n mit gebratenem Rehfilet

Tafelspitz in Tomatengelee

Traubensalat mit Lachsforelle

Schwarzer und weißer Pressack von Edelfischen

Bayerischer Flußkrebs mit gefülltem Rucksack

Gesottenes Kalbsherz
auf lauwarmem Reherlsalat

Zum Bild links: Zwei, die sich verstehen.

Joghurtsülze vom Lachs und seinem Kaviar

ZUTATEN

400 g	Lachs, entgrätet, in 1/2 cm dicke Scheiben geschnitten
2	Schalotten, geschält und fein gehackt
250 ml	trockener Weißwein
500 g	Vollmilchjoghurt
100 g	Crème fraîche
	Salz und weißer Pfeffer
	Saft von 1/2 Zitrone
30 bis 40 g	Gelatinepulver
60 g	Lachskaviar
	Klarsichtfolie

UND SO WIRD'S ZUBEREITET

Die Schalotten in einem breiten Topf mit dem Weißwein dünsten. Die Lachsscheiben einlegen und ca. 1 Minute pochieren. Den Topf vom Herd ziehen, den Fisch vorsichtig herausnehmen und kalt stellen.

Joghurt und Crème fraîche glatt rühren und mit Salz, Pfeffer und Zitronensaft würzen.

Das Gelatinepulver in den erkalteten Weinsud einrühren, kurz aufkochen und durch ein Sieb passieren.

Den heißen Weinsud (ca. 50°C) schnell in die Joghurtcreme einrühren. Den Kaviar unterheben.

Die Terrinenform mit Klarsichtfolie auslegen. Die Joghurtcreme eingießen, bis der Boden der Form bedeckt ist. Darauf einen Teil der Lachsscheiben legen, dann wieder eine Schicht Joghurtcreme einfüllen. Abwechselnd fortfahren, bis alles aufgebraucht ist. Die Sülze mit Folie abdecken und zum Festwerden mindestens 6 Stunden in den Kühlschrank stellen. Die Sülze mit einem elektrischen Messer aufschneiden.

Für Küchenanfänger nicht gleich beim ersten Probekochen zu empfehlen, da der Umgang mit Gelatine ein wenig Geschick und Ausdauer verlangt. Sollte die Masse bereits während des Einfüllens zu Stocken beginnen, nochmals leicht erwärmen. Vorsicht, daß der Lachs nicht zu lange gart.

Mit kleinen Bratkartoffeln oder Reiberdatschis servieren.

SCHROBENHAUSENER SPARGEL A L'ORANGE

ZUTATEN FÜR DEN SPARGEL

1 kg	frischer Spargel, geschält und ca. 3 cm gekürzt
	Salz
1 Prise	Zucker
50 g	Butter

ZUTATEN FÜR DIE SAUCE

250 ml	frisch gepreßter Orangensaft
	abgeriebene Schale einer 1/2 Orange
1 Schuß	Sherry-Essig
125 ml	Olivenöl
	Salz und Peffer
1 Prise	Zucker
1	Eidotter
10 ml	Orangenlikör

UND SO WIRD'S ZUBEREITET

Einen großen Topf mit genügend Wasser, Salz, Zucker und Butter zum Kochen bringen. Die Spargelstangen in das kochende Wasser legen und bei reduzierter Hitze etwa 5 bis 10 Minuten kochen.

Den Orangensaft mit den Geschmackszutaten der Reihe nach kräftig aufschlagen und abschmecken. Die Orangensauce in eine breite, flache Schüssel füllen und den heißen Spargel vom Sud direkt einlegen. Die Schüssel abdecken und den Spargel mindestens 1 Stunde marinieren.

Die Spargelportionen sind klein berechnet, da zu dieser Vorspeise gebratene Lachshappen oder Schinkenscheiben zu empfehlen sind. Mit Stangenweißbrot und etwas Salat zu trockenem Weißwein servieren.

Als Hauptgericht rechnen Sie pro Person 500 g Spargel. Bitte achten Sie darauf, daß der Spargel sich nicht zu weich kocht.

Das Foto zeigt den Spargel mit kandierter Orangenschale und Orangenfilets.

Räucherfischkipferl

ZUTATEN

60 g	*geräuchertes Forellenfilet, in kleinen Würfeln*
80 g	*Räucheraalfilet, in kleinen Würfeln*
60 g	*geräuchertes Lachsfilet, in kleinen Würfeln*
80 g	*Sauerkraut, gekocht*
2	*Eidotter*
80 g	*saure Sahne*
	Meerrettich, frisch gerieben, nach Geschmack
	Pfeffer
300 g	*Blätter, 3 mm dünn ausgerollt und in Dreiecke von 10 cm Seitenlänge geschnitten*

UND SO WIRD'S ZUBEREITET

Die Fischwürfel mit dem Sauerkraut, einem Eidotter und der sauren Sahne vermengen. Mit Meerrettich und Pfeffer pikant würzen.

Die Dreiecke mit je zwei Teelöffel der Fischmasse füllen und von der langen zur spitzen Seite hin zusammenrollen. Auf ein gefettetes Backblech setzen und mit verquirltem Eigelb bestreichen. Bei 210°C 10 bis 15 Minuten backen. Lauwarm servieren.

Mit Apfelmeerrettich und frischen Salaten eine feine bayrische Vorspeise. Aber auch eine würzige Begleitung zum Bier, zum Wein und überhaupt und sowieso!

FELDSALAT MIT BLAUKRAUT-DRESSING UND WALNÜSSEN

ZUTATEN

200 g	Blaukraut, in Streifen geschnitten
3 EL	Rotwein
1 EL	Himbeersirup
2 EL	Balsamicoessig
	Salz
1 EL	Zucker
1/4	Apfel, grob gewürfelt
100 ml	Walnußöl
300 g	Feldsalat, gewaschen und trockengeschüttelt
100 g	Walnußkerne, grob gehackt

UND SO WIRD'S ZUBEREITET

Das Blaukraut in einer tiefen Schüssel mit sämtlichen Zutaten – einschließlich dem Apfel – vermengen. Abgedeckt 1 Tag marinieren.

Das Kraut 25 Minuten weich kochen. Zusammen mit dem Walnußöl in den Mixer geben zu einem Dressing verarbeiten. Nach Bedarf etwas nachwürzen.

Den Feldsalat mit dem leicht erwärmten Dressing locker anmachen und auf vier Tellern verteilen. Mit Walnüssen bestreuen.

Eine raffinierte Geschichte mit einer ungewöhnlichen Dressingfarbe. Auf alle Fälle lauwarm genießen. Ein gebratenes Hasenfilet dazu; eine bayrische Vorspeise vom Feinsten!

BLUTWURST-BIRNEN-STRUDEL AUF SAUERKRAUTSAUCE

ZUTATEN FÜR DEN STRUDELTEIG

220 g	Mehl
125 ml	lauwarmes Wasser
20 ml	Öl
3 g	Salz

ZUTATEN FÜR DIE FÜLLUNG

3	festkochende Birnen, geschält, entkernt und in Spalten geschnitten
	Zucker
	Birnenschnaps nach Belieben
4	frische Blutwürste
1	Ei
	Salz und Pfeffer
	gepreßten Knoblauch, Majoran
	etwas Butter zum Bepinseln
100 g	Sauerkraut, gekocht und etwas zerkleinert
1	Zwiebel, fein gewürfel
500 ml	Bratensauce

UND SO WIRD'S ZUBEREITET

Die Zutaten für den Strudel zu einem geschmeidigen Teig verarbeiten. Diesen in Klarsichtfolie wickeln und 40 Minuten an einem warmen Ort ruhen lassen.
Die Birnen mit Zucker, Birnenschnaps und einem Schuß Wasser bißfest dünsten. Den Ofen auf 200°C vorheizen.
Die Blutwürste aus den Därmen drücken, mit einem Ei vermengen und mit etwas Pfeffer, Knoblauch und Majoran nachwürzen.
Den Strudelteig auf einem bemehlten Tuch ausziehen. Die Blutwurstmasse sowie die Birnenspalten darauf verteilen und anschließend zusammenrollen. Die Teigenden nach unten einschlagen und den Strudel auf ein gefettetes Backblech legen. Mit Butter bepinseln und in den Ofen schieben. Ca. 35 Minuten backen, anschließend 10 Minuten ruhen lassen. Das Sauerkraut mit den Zwiebelwürfeln in Butter anschwitzen. Die Bratensauce aufgießen, kurz aufkochen und abschmecken.

Den Strudel portionieren, die Sauce auf Teller geben und darauf den lauwarmen Strudel anrichten. Eine nicht alltägliche Vorspeise, ein kleines Schmankerl für Zwischendurch als pikante Beigabe zum Bier oder mit einem schönen Kartoffelbrei als Hauptgericht.

Schwammerlsulz'n mit gebratenem Rehfilet

ZUTATEN

400 g	gemischte Schwammerl, geputzt und grob gehackt (Steinpilze, Maroni, Pfifferlinge, Champignons, Austernpilze etc.)
1	Zwiebel, fein gewürfelt
2	Knoblauchzehen, geschält und gehackt
100 ml	Olivenöl
	Klarsichtfolie
500 ml	Wild- oder Rinderbrühe
25 bis 30 g	Gelatine
	Salz, frisch gemahlener Pfeffer
	Balsamicoessig
150 g	Gemüsewürfel, blanchiert (Sellerie, Lauch, Karotten)
2 EL	Petersilie, fein gehackt
200 g	Rehfilet, in Scheiben

UND SO WIRD'S ZUBEREITET

Schwammerl zusammen mit der Zwiebel und dem Knoblauch in heißem Olivenöl kurz, aber scharf anbraten. In ein Sieb geben und auskühlen lassen.

Eine Kastenform mit der Folie auslegen. Die Brühe erhitzen und die Gelatine darin auflösen. Salzen, pfeffern und mit Balsamicoessig kräftig würzen; abkühlen lassen.

Pilze, Gemüsewürfel und Petersilie in die Form füllen. Mit dem fast stockenden Gelee auffüllen und zugedeckt für mindestens 3 Stunden in den Kühlschrank stellen.

Das Rehfilet würzen und in Olivenöl zart rosa braten; noch 5 Minuten ruhen lassen.

Die Schwammerlsulz'n stürzen und in Scheiben schneiden. Zusammen mit dem lauwarmen Rehfilet servieren.

Dazu paßt prima etwas Blaukrautsalat. Sülze und Terrinen mit einem elektrischen Messer schneiden. Es geht am einfachsten und die Scheiben sehen optisch sehr gut aus.

Statt Rehfilet können Sie natürlich auch andere frisch gebratene Schmankerl mit der Sulz'n kombinieren, z.B. Geflügelbrüstchen, Kalbsstelzen, Ochsenfleisch oder gebratene Knödelscheiben und natürlich Salat.

Tafelspitz in Tomatengelee

ZUTATEN

1 kg	Tafelspitz
1	Zwiebel, geschält mit 1 Gewürznelke und 1 Lorbeerblatt gespickt
	einige Pfefferkörner
1	Kräutersträußchen
400 g	sehr reife Tomaten, geviertelt
	Salz, frisch gemahlener Pfeffer
	Balsamicoessig
20 bis 25 g	Gelatine
1 Prise	Zucker
200 g	Gemüsewürfel, blanchiert (Sellerie, Lauch, Karotten)

UND SO WIRD'S ZUBEREITET

Den Tafelspitz von dicken Sehnen befreien und in einen passenden Topf legen. Mit Wasser aufgießen, bis das Fleisch bedeckt ist. Die gespickte Zwiebel und die Pfefferkörner zum Fleisch geben und zum Kochen aufstellen. Den Schaum an der Oberfläche abschöpfen, damit die Brühe klar bleibt.

Etwa 1/2 Stunde vor Ende der Garzeit das Kräutersträußchen und die Tomatenviertel zum Fleisch geben.

Das fertige Fleisch aus dem Topf nehmen und zum Abkühlen in kaltes Wasser legen. Anschließend quer zur Faser in dünne Scheiben schneiden. Auf eine Platte legen und mit Salz, Pfeffer und Balsamicoessig marinieren.

Die Brühe durch ein Sieb passieren und auf 500 ml einkochen. Die Gelatine in der heißen Brühe auflösen und unter ständigem Rühren, am besten über Eiswasser, abkühlen. Mit den Gewürzen kräftig abschmecken.

Eine Terrinen- oder Kastenform mit Klarsichtfolie auslegen. Abwechselnd das fast stockende Tomatengelee, die Gemüsewürfel und Fleischscheiben einfüllen. Mit Folie abdecken und für mindestens 3 Stunden kalt stellen.

Aus der Form stürzen und quer in 1 cm dicke Scheiben schneiden.

Dazu passen frische Salate, eine Schnittlauchcreme und kleine Bratkartoffeln, siehe Foto.

Wer noch einen pikanteren Geschmack wünscht, kann zusätzlich mit Meerrettich abschmecken.

Traubensalat mit Lachsforelle

ZUTATEN

4	Lachsforellenfilets (ca. 320 g), völlig entgrätet
125 ml	Fischfond
100 ml	Frankenwein (Weißwein)
1	Schalotte, fein gewürfelt
3 EL	Zitronensaft
1 Spritzer	Sherryessig
	Salz, frisch gemahlener Pfeffer
100 ml	Olivenöl
3 EL	Sahne
1 EL	frische Kräuter, gehackt
	verschiedene Blattsalate (Radicchio, Kopfsalat etc.)
1	kleine Traube
	Weintrauben, gewaschen, halbiert und entkernt
2 EL	Tomatenwürfel

UND SO WIRD'S ZUBEREITET

Den Fischfond mit dem Wein und den Schalottenwürfeln aufkochen. Die Filets darin etwa 3 bis 4 Minuten gar ziehen lassen; herausnehmen und warm stellen. Den Fischsud auf etwa 100 ml einkochen. Mit Zitronensaft, Sherryessig, Salz und Pfeffer abschmecken. Öl eingießen und mit dem Mixstab kräftig aufschlagen. Mit Sahne und Kräutern verfeinern.

Die Salate auf vier große Teller verteilen. Die Trauben darauf anrichten. Die Fischfilets häuten und dazugeben. Mit der Sahnevinaigrette übergießen und mit den Tomatenwürfeln garnieren.

Den Fisch nicht zu lange zu garen, denn er zieht während des Warmhaltens noch nach. Das Gericht sollte lauwarm serviert werden.

Kaufen Sie bevorzugt Sultanatrauben. Sie sind süß, klein, kernlos und haben eine ganz dünne Haut.

Schwarzer und weisser Pressack von Edelfischen

ZUTATEN

400 g	Edelfischfilets (Seezunge, Lachs, Steinbutt, Waller) gesäubert
1 l	Fischfond
60 g	Schalotten, gewürfelt
250 ml	Weißwein
	Essig
	Zitronensaft
15 g	Gelatinepulver
	Tinte vom Tintenfisch
150 g	geräucherte Forellenfilets
150 g	Aalfilet, geräuchert
120 g	Gemüsewürfel (Lauch, Sellerie, Karotte) blanchiert

UND SO WIRD'S ZUBEREITET

Die Edelfischfilets einige Minuten im Fischfond pochieren. Aus dem Fond nehmen und kalt stellen. Die Schalottenwürfel in Weißwein solange köcheln, bis die Flüssigkeit verdampft ist.

Den Fischfond mit Essig und Zitronensaft kräftig würzen (er darf leicht überwürzt sein, denn im kalten Zustand läßt die Intensität nach) und auf 500 ml einkochen. Die Gelatine beigeben und die Hälfte des Gelees mit Tinte färben, bis der gewünschte Farbton erreicht ist. Durch ein Sieb passieren.

Die pochierten Fischfilets zusammen mit den Räucherfischen, den Gemüse- sowie den Schalottenwürfeln in zwei passende Terrinenformen schichten. Eine Terrine mit schwarzem und die andere mit weißem Gelee aufgießen. Abdecken und kalt stellen.

Je eine Scheibe weißen und schwarzen Pressack auf einem Teller anrichten und mit einer Salatvariation und Weißwein servieren.

Bayerischer Flusskrebs mit gefülltem Rucksack

ZUTATEN

4	große Flußkrebse à 100 g
1 Schuß	Essig
	Kümmel
1	Bouquet Garni
120 g	Lachsforellenfilet oder Lachsfleisch
2	Eier
60 ml	Sahne
	Salz, Pfeffer
	etwas Zitronensaft
	etwas Pernod
1 EL	frische Kräuter, gehackt
200 g	Garnelenfleisch, fein gewürfelt
1 EL	Olivenöl
400 g	Blätterteig, in 12 cm große, 3 mm dicke Rechtecke geschnitten
	Fett für das Backblech

UND SO WIRD'S ZUBEREITET

Die Krebse in Wasser unter Zusatz von Essig, Kümmel sowie dem Bouquet Garni 3 bis 4 Minuten sprudelnd kochen. Herausnehmen und in Eiswasser abschrecken. Die Krebsschwänze wegdrehen und das Fleisch ausbrechen. Die Därme entfernen und leeren Krebskörper gründlich auswaschen und abtrocknen.

Das Lachsforellenfilet in der Küchenmaschine mit einem Ei, Sahne, Salz, Pfeffer, Zitronensaft und einem Schuß Pernod zu einer Farce verarbeiten. Zuletzt die feinen Kräuter unterheben.

Das gewürfelte Garnelenfleisch in heißem Olivenöl 30 Sekunden scharf anbraten. Zusammen mit dem zerkleinerten Krebsfleisch und der Lachsforellenfarce vermengen und nochmals abschmecken.

Die Füllung auf die Blätterteig-Rechtecke legen, zusammenklappen und fest an die Krebsrücken drücken. Mit einem verquirlten Ei bestreichen und für 1 Stunde im Kühlschrank ruhen lassen.

Die Krebse auf ein gefettetes Backblech setzen und den nicht teigigen Teil mit Alufolie abdecken (sonst geht durch die starke Hitze die rote Krebsfarbe verloren). 10 Minuten bei 220°C und 12 Minuten bei 190°C garen.

Die "beladenen Krebse" mit einem knackigen Salat und einer Joghurtsauce servieren. Bestreuen Sie den Teig vor dem Backen mit Gewürzen oder Mohn, Sesam, Leinsamen oder Haferflocken.

Gesottenes Kalbsherz auf lauwarmem Reherlsalat

ZUTATEN

1	Kalbsherz, geputzt
1	Zwiebel, geschält
1	Lorbeerblatt
1	Nelke
1	Kräutersträußchen
3 EL	Sherryessig
	Salz und frisch gemahlener Pfeffer
1 Prise	Currypulver
5 EL	Olivenöl
2 EL	Walnußöl
	frische Kräuter, gehackt
1	Knoblauchzehe, geschält und gehackt
1 Spritzer	Sojasauce
80 g	Zwiebeln, gewürfelt und in Olivenöl angebraten
300 g	frische Reherl, geputzt und gehackt

UND SO WIRD'S ZUBEREITET

Die Zwiebel mit dem Lorbeerblatt und der Nelke spicken. Das Kalbsherz zusammen mit der gespickten Zwiebel sowie dem Kräutersträußchen in siedendem Wasser etwa 20 bis 25 Minuten rosa gar ziehen lassen

In der Zwischenzeit die restlichen Zutaten – bis auf die Reherl – gut miteinander verrühren und die gehackten Reherl darin für mindestens 1 Stunde einlegen.

Das warme Kalbsherz in dünne Scheiben schneiden und leicht salzen. Mit dem erwärmten Reherlsalat anrichten.

Diese pikante Kombination von Kalbsherz und Reherl am besten auf einem üppigen Salatbouquet mit eingelegten Knödelscheiben anrichten, wie auf unserem Foto.

SUPPEN - alle zum Löffeln

Schaumsupperl von geräucherten Forellen

Altbayerische Schwammerlsupp'n

Meerrettichsupperl mit Ochsenfleischwürfel

Holledauer Hochzeitssuppe

Steinpilzsupperl mit Semmelknödelpiccata

Erbsensuppe mit Pfefferminzkartoffeln

Basilikumsupperl mit Käseschöberl

Knoblauchcreme mit Weißbierkrusteln

Kohlrabi-Kartoffelsuppe
mit weißem Trüffelgeschmack

Entenkraftbrühe mit Semmelpfanzel

Spargelrahmsuppe mit gebräunten Mandeln

Zum Bild links: Der Autor mit seiner Küchenbrigade.

Schaumsupperl von geräucherten Forellen

ZUTATEN

2	geräucherte Forellen, Filets ausgelöst und in Stücke geschnitten; Häute und Köpfe aufheben
500 ml	Fischfond
60 g	Butter
2	Schalotten, geschält und fein gewürfelt
1/2 Bund	Dill, gewaschen und gehackt
30 g	Mehl
125 ml	trockener Weißwein
150 ml	flüssige Sahne
	Salz und frisch gemahlener Pfeffer
	Saft von 1/2 Zitrone
1 Msp	Safran
1 Schuß	Anisschnaps oder Weinbrand
150 ml	geschlagene Sahne

UND SO WIRD'S ZUBEREITET

Häute und Forellenköpfe in den Fischfond legen und etwa 20 Minuten langsam auskochen. Die Brühe durch ein Sieb passieren.

Die Butter in einem Topf erhitzen und darin die Schalottenwürfel andünsten. Mit Mehl bestäuben und unter ständigem Rühren mit Fischbrühe, flüssiger Sahne und Weißwein aufgießen. Mit Salz, Pfeffer, Zitronensaft und Safran würzen. Je nach Geschmack mit Anisschnaps oder Weinbrand parfümieren.

Die Suppe durch ein Sieb passieren, aufschlagen und erhitzen. Die geschlagene Sahne und die Dillspitzen unterziehen.

Die Forellenstückchen in vorgewärmte, tiefe Teller legen und mit heißer, schaumiger Suppe übergießen.

Es können ebenso andere geräucherte Fische verwendet werden.

Die Mehlschwitze kann durch die Erhöhung der Sahnemenge oder zusätzlicher Crème fraîche ersetzt werden.

Altbayerische Schwammerlsupp'n

ZUTATEN

400 g	verschiedene Schwammerl (Steinpilze, Maronen, Pfifferlinge etc.), geputzt, in Scheiben geschnitten
1	mittelgroße Zwiebel, geschält und gewürfelt
2	Knoblauchzehen, geschält und gewürfelt
90 g	Butter
750 ml	Rinder- oder Geflügelbrühe
300 ml	Sahne
	Salz und Pfeffer
20 g	Mehl
	Muskatnuß
	Balsamicoessig nach Geschmack
1 Bund	Petersilie, grob gehackt

UND SO WIRD'S ZUBEREITET

In einem größeren Topf 30 g Butter erhitzen. Die Zwiebel- und Knoblauchwürfel darin glasig dünsten. Die Pilze hinzufügen und weitere 5 bis 8 Minuten dünsten lassen.

Das Schwammerlgemisch mit Brühe sowie Sahne aufgießen. Salzen, pfeffern und bei geringer Hitze etwa 30 Minuten köcheln lassen. Aus der restlichen Butter und dem Mehl eine helle Schwitze zubereiten und diese unter ständigem Rühren in die Pilzsuppe geben. Mit etwas Muskatnuß und Balsamicoessig abschmecken. Die Suppe sollte einen leicht säuerlichen Touch haben. Die Petersilie unter die fertige Suppe heben.

Nach Bedarf mit Crème fraîche oder Crème double weiter verfeinern. Als Einlage eignen sich Semmelknödel oder -pfanzel, Rezept auf Seite 42.

Eigentlich ist dieses Gericht mehr als eine Suppe und eine Spezialität meiner Mutter.

MEERRETTICHSUPPERL MIT OCHSENFLEISCHWÜRFEL

ZUTATEN

1	Zwiebel, geschält und gehackt
1	Knoblauchzehe, geschält und gehackt
1	Apfel, geschält, entkernt und in dünne Spalten geschnitten
300 g	Kartoffeln, geschält und klein gewürfelt
50 g	Butter
750 ml	kräftige Rinderbrühe
	Salz und frisch gemahlener Pfeffer
	Zucker
3 bis 4 EL	Meerrettich, frisch gerieben
250 g	Sahne
200 g	gekochtes Ochsenfleisch, klein gewürfelt
	frische Kräuter, gehackt (Dill, Petersilie, Schnittlauch etc.)

UND SO WIRD'S ZUBEREITET

In der Hälfte der Butter Zwiebelwürfel, Knoblauch, Apfelspalten und Kartoffelwürfel andünsten. Mit Brühe aufgießen und in etwa 20 Minuten gar kochen lassen. Die Suppe mit einem Pürierstab zerkleinern, salzen, pfeffern und mit Zucker abschmecken.

Die Suppe durch ein Sieb passieren, dann erneut zum Kochen aufstellen. Den Meerrettich, die restliche Butter und die Sahne einschlagen. Die Ochsenfleischwürfel zum Erwärmen in die Suppe streuen. Mit frisch gehackten Kräutern anrichten.

Statt frischen Meerrettich können Sie auch ein Fertigprodukt aus dem Glas verwenden. Die Höhe der Meerrettichzugabe ist reine Geschmackssache. Außerdem ist nicht jede frisch gekaufte Meerrettichwurzel gleich scharf und aromatisch.

Zur fertigen Suppe passen zusätzliche Brotwürfel.

Holledauer Hochzeitssuppe

ZUTATEN FÜR DIE LEBERMASSE

1	Zwiebel, geschält und gehackt
1	Knoblauchzehe, geschält und gehackt
20 g	Butter
300 g	Leber (Rind, Schwein oder Geflügel), durchgedreht
80 g	Rindermilz, durchgedreht
3	Eier
250 bis 300 g	Semmelbrösel
	Salz und frisch gemahlener Pfeffer
	Majoran
	abgeriebene Schale einer Zitrone
1/2 Bund	Petersilie, gehackt

ZUTATEN FÜR DIE BUTTERMASSE

300 g	Butter
6	Eier, getrennt
100 g	Mehl
	Salz
1,5 l	Rinderbrühe
1 Bund	Schnittlauchröllchen

UND SO WIRD'S ZUBEREITET

Zwiebel und Knoblauch in Butter glasig dünsten, zusammen mit Leber, Milz, Eiern und soviel Semmelbrösel in einer Schüssel vermengen, bis eine geschmeidige Masse entsteht. Mit Salz, Peffer, Majoran und Zitronenschale würzen. Zuletzt die Petersilie hinzufügen und beiseite stellen.

Für die helle Masse die Butter schaumig schlagen. Nach und nach die Eigdotter und das Mehl beigeben. Das Eiweiß zu Schnee schlagen und vorsichtig unterheben. Leicht salzen.

Eine entsprechende Kuchenform (z.B. Gugelhupf) einbuttern und die Massen abwechselnd einfüllen. Abdecken und die Form in einem Wasserbad im Ofen bei etwa 160°C 35 bis 50 Minuten garen. Herausnehmen, etwa 10 Minuten ruhen lassen, aus der Form stürzen. In Scheiben schneiden und in heißer Rindsbrühe mit frischen Schnittlauchröllchen garnieren.

Bei einer echten Bauernhochzeit in der Holledau darf diese traditionelle Hochzeitssuppe nicht fehlen.

Klingt sehr schwierig, aber ist in der Herstellung nicht so schlimm! Läßt sich prima vorbereiten und wieder erwärmen. Im Querschnitt sieht diese Suppeneinlage wie ein Marmorkuchen aus.

Steinpilzsupperl mit Semmelknödelpiccata

ZUTATEN

500 g	frische Steinpilze, gesäubert und klein geschnitten
1	Zwiebel, geschält und gehackt
1	Knoblauchzehe, geschält und gehackt
50 g	geräucherter Speck, fein gewürfelt
1/2 Bund	glatte Petersilie, gehackt
100 g	Butter
	Salz und frisch gemahlener Pfeffer
	Feinwürzmittel
1 EL	Mehl
750 ml	Rinder- oder Geflügelbrühe
300 ml	Sahne
1 Schuß	Weißwein
2	gegarte, in je 4 Scheiben geschnittene Semmelknödel
2	Eier
50 g	Emmentaler, gerieben

UND SO WIRD'S ZUBEREITET

30 g Butter erhitzen und darin Zwiebeln, Knoblauch und Speck glasig dünsten. Die Steinpilze hinzufügen und anbraten. Salzen, pfeffern und nach Bedarf mit Feinwürzmittel würzen. Alles mit Mehl bestäuben und kurz weiter rösten. Mit Brühe und Sahne aufgießen und etwa 5 Minuten köcheln lassen.

Die Pilze herausnehmen und der Suppe etwas Butter zugeben. Mit dem Pürierstab kräftig aufschlagen. Die Pilze zusammen mit gehackter Petersilie und einem Schuß Weißwein wieder beigeben. Nach Bedarf nachwürzen.

Die Knödelscheiben in Mehl wenden und überschüssiges abklopfen. Die Eier mit dem geriebenem Käse verquirlen und die mehlierten Knödelscheiben durchziehen. In schäumender Butter von beiden Seiten goldgelb backen. Die Suppe mit dem Knödelpiccata in einem tiefen Teller servieren.

Anstelle von Steinpilzen können auch Maronenröhrlinge verwendet werden.

Die Suppe sollte nicht zu dickflüssig zubereitet werden, da das Gericht sonst zu schwer und zu deftig wird.

ERBSENSUPPE MIT PFEFFERMINZKARTOFFELN

ZUTATEN FÜR DIE ERBSENSUPPE

200 g	getrocknete, grüne Erbsen, über Nacht in Wasser eingeweicht
1	Zwiebel, geschält und fein gewürfelt
1	Knoblauchzehe, geschält und fein gewürfelt
50 g	Lauch, geputzt und fein gewürfelt
30 g	Sellerie, geschält und fein gewürfelt
150 g	Kartoffeln, geschält und fein gewürfelt
1 EL	Butterschmalz
1 l	Brühe
1	Speckschwarte
1	Lorbeerblatt
	Salz und frisch gemahlener Pfeffer
200 ml	Sahne

ZUTATEN FÜR DIE KARTOFFELN

150 g	Kartoffeln, geschält und klein gewürfelt
2 Beutel	Pfefferminztee
20 g	Butter
50 g	geräucherter Speck, fein gewürfelt
1 Bund	frische Minze, fein geschnitten

UND SO WIRD'S ZUBEREITET

In heißem Butterschmalz das vorbereitete Gemüse dünsten. Die Kartoffelwürfel jedoch erst nach einigen Minuten mit den eingeweichten Erbsen hinzufügen. Mit Brühe aufgießen, die Speckschwarte und das Lorbeerblatt einlegen. Bei milder Hitze etwa 30 bis 40 Minuten leise köcheln lassen. Anschließend Lorbeerblatt und Speckschwarte entfernen und die Suppe mit dem Mixstab fein pürieren. Salzen, pfeffern und mit Sahne verfeinern.

Die Kartoffeln im Pfefferminztee weich garen. Abgießen und über einem Sieb abtropfen lassen.

Die Speckwürfel in heißer Butter kurz anbraten. Die Minzekartoffeln einstreuen und leicht anbraten; unter die Suppe heben. Kurz vor dem Servieren die Minze beigeben.

Durch die Minze erhält die Suppe einen hervorragenden frischen und interessanten Geschmack, was man beim ersten Hinsehen nicht glauben mag.

Basilikumsupperl mit Käseschöberl

ZUTATEN FÜR DIE KÄSESCHÖBERL

30 g	Butter
2	Eier, getrennt
3 EL	Sahne
	Salz und frisch gemahlener Pfeffer
50 g	Mehl
40 g	Allgäuer Bergkäse, gerieben

ZUTATEN FÜR DIE BASILIKUMSUPPE

2	Schalotten, geschält und gehackt
1	Knoblauchzehe, geschält und gehackt
100 g	Butter
20 g	Mehl
750 ml	Rinder- oder Geflügelbrühe
250 ml	Sahne
	Salz und frisch gemahlener Pfeffer
	Muskat
2 Bund	Basilikum, die Blätter abgezupft, gewaschen
30 g	Spinat, gewaschen

UND SO WIRD'S ZUBEREITET

Den Backofen auf 190°C vorheizen. Butter, Eidotter und Sahne mit den Gewürzen schaumig schlagen. Das Eiweiß zu steifem Schnee schlagen und zusammen mit dem Mehl unterheben. Ein Backblech mit Backpapier auslegen und darauf die Schöberlmasse streichen. Mit Käse bestreuen. Im Backofen etwa 10 Minuten goldgelb backen. Abkühlen lassen und in Rauten oder Würfel schneiden.

Schalotten und Knoblauch in 50 g schäumender Butter glasig dünsten. Mit Mehl bestäuben, kurz rösten und mit Brühe aufgießen. Unter ständigem Rühren aufkochen und weitere 5 Minuten kochen lassen. Die Hälfte der Sahne zugießen, mit Salz, Pfeffer und Muskat würzen; die Suppe beiseite stellen.

Basilikumblättchen und Spinat in kochendem Wasser 3 Sekunden blanchieren und sofort in Eiswasser abschrecken. Zusammen mit der übrigen Sahne pürieren. Dieses Püree mit der restlichen Butter in die Suppe einrühren und mit dem Mixstab aufschlagen. Sofort mit den Käseschöberln servieren.

Um eine optimale grüne Farbe zu erhalten, fertigen Sie ein Püree aus den gewünschten Kräutern und rühren es erst im letzten Moment in die Suppe. So bleibt nicht nur die Farbe, sondern auch der Geschmack erhalten. Den Spinat verwenden wir, um ein noch kräftigeres Grün zu erhalten. Er ist neutral im Geschmack. Statt Sahne können Sie Wasser zum Mixen der Kräuter verwenden.

Knoblauchcreme mit Weissbierkrusteln

ZUTATEN FÜR DIE WEISSBIERKRUSTELN

20 g	Butter
1	Ei
2	Eidotter
	Salz und frisch gemahlener Pfeffer
50 g	gekochter Schinken, fein gewürfelt
80 g	Allgäuer Bergkäse, gerieben
2	Scheiben Weißbrot, geröstet
125 ml	Weißbier

ZUTATEN FÜR DIE KNOBLAUCHCREMESUPPE

2 bis 3	Schalotten, geschält und gewürfelt
2 bis 6	Knoblauchzehen, geschält und fein gewürfelt
200 bis 300 g	Kartoffeln, geschält und fein gewürfelt
80 g	Butter
750 ml	Rinder- oder Geflügelbrühe
300 ml	Sahne
	Salz und frisch gemahlener Pfeffer
	Feinwürzmittel
1 Bund	Petersilie, gehackt

UND SO WIRD'S ZUBEREITET

Den Backofen auf 220°C vorheizen. Butter, Ei und Eidotter schaumig rühren; salzen und pfeffern. Schinken und Käse unterheben; evtl. einen Spritzer Weißbier einrühren. Das Weißbrot mit Weißbier tränken und darauf die Käsemasse etwa 1/2 cm dick streichen. Im Backofen bei starker Oberhitze oder Grillstufe etwa 3 bis 5 Minuten backen. Herausnehmen, vierteln und warm stellen.

Schalotten und Knoblauch in 20 g Butter hell dünsten. Die Kartoffelwürfel beigeben und das Ganze mit Brühe aufgießen. Etwa 20 bis 25 Minuten leise köcheln lassen. Mit dem Mixstab die Suppe pürieren. Die Sahne zugießen und mit Salz, Pfeffer und Feinwürzmittel würzen. Kurz vor dem Servieren die restliche Butter und die gehackte Petersilie unterrühren. Die Suppe in vorgewärmten Tellern anrichten und mit den Weißbierkrusteln belegen.

Bei allen Gerichten mit hohem Knoblauchanteil viel Petersilie verwenden. Das macht den Knoblauch verträglicher – für Ihren Magen und Ihre Mitmenschen.

KOHLRABI-KARTOFFELSUPPE MIT TRÜFFELGESCHMACK

ZUTATEN

2	mittelgroße Zwiebeln, geschält und fein gewürfelt
1	Knoblauchzehe, geschält und fein gehackt
100 g	Butter
2	junge Kohlrabi, geschält und klein geschnitten
1	Kartoffel, geschält und klein geschnitten
1 l	helle Brühe
1	Lorbeerblatt
250 ml	Sahne
	Salz und Pfeffer
	einige Tropfen weißes Trüffelöl

UND SO WIRD'S ZUBEREITET

Die Zwiebeln und den Knoblauch in 30 g Butter hell andünsten. Die Kohlrabi- und Kartoffelstücke beigeben und kurz mitdünsten. Mit der Brühe aufgießen. Das Lorbeerblatt hinzufügen und das Gemüse in etwa 10 bis 15 Minuten weich kochen.

Das Lorbeerblatt entfernen und die Suppe mit dem Mixstab sämig pürieren. Die Sahne eingießen und die restliche Butter einrühren. Nochmals kräftig mit dem Mixstab aufschäumen.

Die Suppe salzen, pfeffern und gegebenenfalls noch verdünnen (hängt von der Kartoffelsorte ab). Zuletzt je nach Belieben mit mehr oder weniger Trüffelöl parfümieren.

Eine tolle Suppe, die aber nur durch den Trüffelgeschmack die edle Raffinesse bekommt. Trüffelöl erhalten Sie in jedem Feinkostgeschäft. Es erscheint sehr teuer, aber durch die starke Konzentration ist es unwahrscheinlich ergiebig.

ENTENKRAFTBRÜHE MIT SEMMELPFANZEL

ZUTATEN

	zerkleinerte Karkassen und Abschnitte von 2 Enten
400 g	Röstgemüse (Zwiebel, Sellerie, Karotten), gewürfelt
4 EL	Öl
50 ml	Madeira
	Wacholderbeeren
	Lorbeerblätter
	Pfefferkörner
	geriebene Orangenschale
	Nelken
1	Kräutersträußchen
2 1/2 l	Fleischbouillon

FÜR DIE SEMMELPFANZEL

4	Semmeln vom Vortag
0,1 l	heiße Milch
1/2 Bund	frische Petersilie
1 EL	frischer Kerbel, gehackt
2	Eier
	Salz
	Pfeffer
	Muskat
50 g	Butter

UND SO WIRD'S ZUBEREITET

Die Knochen und Abschnitte unter kaltem Wasser waschen und gründlich abtrocknen. Das Gemüse putzen, schäelen und grob zerschneiden.

In einem größeren Topf oder Bräter Öl erhitzen. Die Ententeile einlegen und von allen Seiten rasch anbraten. Das Gemüse einstreuen und das Ganze unter ständigem Rühren weiterrösten. Mit Madeira ablöschen und dabei die Gewürze der Reihe nach beifügen. Anschließend mit der Brühe aufgießen.

Nach dem ersten Aufkochen die Oberfläche immer wieder abschäumen. Die Hitze zurückdrehen und die Brühe etwa 2 1/2 Stunden köcheln lassen.

Inzwischen die Semmelpfanzel herstellen. Die Semmelwürfel mit lauwarmer Milch übergießen und zugedeckt ziehen lassen. Die Petersilie zusammen mit dem Kerbel, den Eiern und den Gewürzen unter die Brotwürfel mengen. Mit nassen Händen aus dem Teig kleine Pfanzel formen.

Die fertige Entenkraftbrühe durch ein mit einem Tuch ausgelegtes Sieb passieren. Auf die gewünschte Menge und Konsistenz reduzieren und dann abschmecken. In einer Pfanne die Butter schäumend erhitzen. Die Pfanzel einlegen und von beiden Seiten knusprig und goldgelb braten. Die Semmelpfanzel in vorgewärmte, tiefe Teller legen und mit Entenkraftbrühe auffüllen.

Die Semmelpfanzel lassen sich auch prima variieren, z.B. mit einigen Geflügelleberstückchen die man in der Pfanne kurz anbrät oder Speckwürfelchen, Pilzen bzw. Gemüsen oder Kräutern aller Art.

Das Foto hierzu finden Sie auf Seite 45.

Spargelrahmsuppe mit gebräunten Mandeln

ZUTATEN

600 g	frischer Spargel, geschält und die Enden abgeschnitten
	Salz
1 Prise	Zucker
180 g	Butter
40 g	Mehl
300 ml	Sahne
	Feinwürzmittel
20 g	Butter
30 g	Mandelblättchen, ohne Fett geröstet

UND SO WIRD'S ZUBEREITET

Ca. 1 l Salzwasser zum Kochen bringen. Eine Prise Zucker, 20 g Butter und den Spargel hinzufügen. Einmal aufkochen und bei reduzierter Hitze etwa 10 Minuten ziehen lassen.

In der Zwischenzeit die Schalen und die Spargelenden mit kaltem Wasser aufsetzen, einmal aufkochen und ebenfalls 10 Minuten ziehen lassen.

Den gegarten Spargel über einem Sieb abtropfen lassen. Den Sud von den Abschnitten abseihen. Beide Spargelsude zusammengießen, zum Kochen aufstellen und auf etwa 750 ml reduzieren lassen.

Anschließend etwas abkühlen lassen. Aus 60 g Butter und dem Mehl eine helle Schwitze herstellen und diese mit dem Spargelsud aufgießen. Unter ständigem Rühren etwa 5 bis 10 Minuten köcheln lassen. Anschließend die Sahne einrühren und das Ganze durch ein Sieb passieren.

Die restliche Butter mit einem Mixstab unterrühren, dabei die Suppe würzen. Den Spargel in kleine Stücke schneiden und in der Suppe erhitzen.

Die Suppe in einer vorgewärmten Terrine anrichten und mit den gerösteten Mandelblättchen bestreuen.

Die Verwendung von Feinwürzmittel steht Ihnen anheim, aber glauben Sie mir, zur richtigen Zeit eine Prise vollbringt oft geschmackliche Wunder.

Den besten Spargelfond erhalten Sie von Spargelschalen. Übrigens, sollten Sie einmal einen etwas bitteren Spargel bekommen, so kochen Sie einfach eine Semmel mit. Diese nimmt einiges von den Bitterstoffen auf. Seien Sie großzügig beim Abschneiden der Enden, der Genuß ist um so höher.

Fischgerichte

Zander im Speckpfannkuchen eingebacken

Waller aus dem sauren Wurzelsud

Eglifilets in Petersilienbröseln gebacken

Lachs Cordon bleu

Renkenfilets auf Dillrahmkartoffeln

Piccata vom Bachsaibling

Seezunge in der Kartoffelkruste gebacken

Fisch-Gugelhupf

Forellenknödel auf Meerrettichsauce

Lasagne von Lachs und Kohlrabi

Lachsforellenfilets im Buttermilchsupperl

Hechtwickerl in Salbeisauce

Fisch-Trio im Strudelteig gebacken

Wallerfilet auf Rahmsauerkraut

Zum Bild links: Rezeptbesprechung; wer die Wahl hat, hat die Qual.

ZANDER IM SPECKPFANNKUCHEN EINGEBACKEN

ZUTATEN FÜR DEN PFANNKUCHENTEIG

250 ml	Milch
100 g	Mehl
3	Eidotter
30 g	Butter, flüssig
	Salz und Pfeffer
3	Eiweiß

ZUTATEN FÜR DEN FISCH

500 g	Zanderfilet
100 g	Champignons, geputzt und in Scheiben
30 g	Butter
150 g	Speckscheiben, dünn geschnitten
1	Fleischtomate, gehäutet und geviertelt
	frisch gehackte Kräuter

UND SO WIRD'S ZUBEREITET

Aus Milch, Mehl, Eidottern und Butter einen glatten Teig rühren. Salzen und pfeffern. Das Eiweiß zu schnittfestem Schnee schlagen und unter den Teig heben.

Die Zanderfilets in 40 g-Stücke teilen, salzen und pfeffern. Die Champignons putzen und in Scheiben schneiden. In einer großen Pfanne die Speckscheiben knusprig braten, Champignons und Fischstücke hinzufügen und kurz anbraten. Herausnehmen und beiseite stellen.

In den Bratensatz die Butter gleiten lassen und den Pfannkuchenteig einfüllen. Kurz anbacken, dabei nicht wenden und die Pfanne beiseite ziehen. Speck, Zanderstücke und Champignons auf der Teigoberfläche verteilen. Die Pfanne in den vorgeheizten Ofen schieben und etwa 5 bis 10 Minuten fertig garen. Die Tomatenviertel leicht erhitzen und zusammen mit den Kräutern über den fertigen Pfannkuchen streuen.

Dazu paßt saure Sahne und grüner Salat. Bringen Sie das Gericht am besten in der Pfanne auf den Tisch.

Machen Sie sich die Mühe und untersuchen Sie die Fischfilets peinlichst genau auf eventuell zurückgebliebene Steckgräten. Nichts ist unangenehmer als Gräten im Mund. Die Gräten nehmen einem die Lust am Fisch!

WALLER
AUS DEM SAUREN WURZELSUD

ZUTATEN FÜR DEN SUD

1	Zwiebel, geschält und in Streifen geschnitten
250 ml	Wasser
250 ml	Weißwein
	Salz
1 TL	Zucker
125 ml	Essig
1	Lorbeerblatt
2	Nelken

ZUTATEN FÜR DEN FISCH

600 g	Wallerfilet, gewaschen und trockengetupft
2	Karotten, in Streifen geschnitten
1/4	Sellerieknolle, geschält und in Streifen geschnitten
1	Petersilienwurzel, geschält und in Streifen geschnitten
1/2	Stange Lauch, gewaschen und in Streifen geschnitten
	reichlich frisch gehackte Kräuter

UND SO WIRD'S ZUBEREITET

Die Zwiebel zusammen mit dem Wasser, dem Weißwein, Salz, Zucker, Essig, einem Lorbeerblatt und Nelken in einem entsprechenden Topf etwa 10 Minuten leise köcheln lassen und anschließend durch ein Sieb passieren. Erneut zum Erhitzen aufstellen.

Das Wallerfilet waschen und in breite Stücke von etwa 60 g schneiden. Zusammen mit den Gemüsestreifen in den Sud einlegen und etwa 6 bis 8 Minuten gar ziehen lassen.

Das Gemüse und die Fischstücke in tiefen Tellern anrichten, mit etwas heißem Sud übergießen und mit frischen Kräutern garnieren.

Mit frisch geriebenem Meerrettich und Salzkartoffeln servieren.

Sie können den Waller natürlich auch einfach in Stücke schneiden. Eleganter und angenehmer zu essen sind natürlich Filets.

Eglifilets in Petersilienbröseln gebacken

ZUTATEN

600 g	Eglifilets, gesäubert
	Zitronensaft
	Salz und Pfeffer
100 g	Weißbrot ohne Rinde, gerieben
1 Bund	Petersilie, frisch gehackt
100 g	Butter

UND SO WIRD'S ZUBEREITET

Die Eglifilets mit Zitronensaft säuern, salzen sowie leicht pfeffern.

Die Weißbrotbrösel mit der gehackten Petersilie vermengen. Die Eglifilets darin mehrmals wenden und sofort in schäumender Butter von jeder Seite ca. 1 Minute braten.

Servieren Sie dazu eine leichte Mayonnaise, die Sie mit etwas Sherry verfeinern können. Als Beilage passen Salzkartoffeln oder ein fein angemachter Kartoffelsalat am besten.

Diese Zubereitungsart eignet sich besonders für kleinere Fischfilets wie Saibling, Forelle etc., weil die Brösel den Fisch beim Garen vor zu starkem Austrocknen schützen. Hinzu kommt der unvergleichlich gute Geschmack der Petersilie.

Lachs Cordon Bleu

ZUTATEN

4	mittlere Stücke vom Lachsfilet à 150 g
	Salz und weißer Pfeffer
	Saft von 1 Zitrone
4	Garnelenschwänze, geschält
20 g	Butterschmalz
60 g	weiche Kräuterbutter
8	große Spinatblätter, blanchiert
30 g	Butter

UND SO WIRD'S ZUBEREITET

In die Lachsstücke jeweils von der Seite eine tiefe Tasche von ca. 4 x 3 cm einschneiden. Die Lachstaschen innen und außen leicht salzen, pfeffern und mit der Hälfte vom Zitronensaft beträufeln.

Die Garnelenschwänze am Rücken entlang einschneiden und die Därme entfernen. Anschließend in kleine Würfel schneiden und in heißem Butterschmalz scharf und ganz kurz anbraten; leicht abkühlen lassen. Die Würfelchen salzen, pfeffern, mit dem restlichen Zitronensaft würzen und mit der zimmerwarmen, jedoch keinesfalls flüssigen Kräuterbutter verrühren.

Je zwei Spinatblätter versetzt aufeinanderlegen und die Garnelenmischung darauf verteilen. Vier Spinatpäckchen wickeln und diese abgedeckt für etwa 1/2 Stunde in den Kühlschrank stellen.

Die Spinatpäckchen in die Lachstaschen stecken. Gleichzeitig in einer größeren Pfanne die Butter aufschäumen. Die gefüllten Lachsstücke einlegen und langsam von beiden Seiten "glasig" braten.

Auf dem Foto sehen Sie das Lachs Cordon bleu aufgeschnitten auf etwas schaumig geschlagener Fischsauce. Als Beilage Bavaria bluespinat, Rezept auf Seite 167, halbierte glacierte Trauben und in Safranwasser gekochte Kartoffelkugeln.

Natürlich passen auch andere Gemüse, z.B. Kohlrabigmias, Rezept auf Seite 134, und Reis ganz hervorragend dazu.

Renkenfilets auf Dillrahmkartoffeln

ZUTATEN

700 g	Kartoffeln, geschält
1	Schalotte, geschält und fein gehackt
80 g	Butter
500 ml	Sahne
	Salz und Pfeffer
	Feinwürzmittel
1	Bund Dill, gehackt
2 EL	geschlagene Sahne
4	Renkenfilets à etwa 90 g
	etwas Mehl zum Wenden

UND SO WIRD'S ZUBEREITET

Die Kartoffeln in Würfel von 1 x 1 cm Größe schneiden.

Die Schalotte in etwa 30 g Butter anschwitzen. Die Kartoffelwürfel hinzufügen, mit Sahne aufgießen und etwa 10 Minuten weich garen.

Etwa 3/4 der gegarten Kartoffelwürfel mit einer Schaumkelle herausnehmen und beiseite stellen. Den Rest Kartoffel-Sahne mit einem Mixstab pürieren und mit Salz, Pfeffer und Feinwürzmittel würzen. Die Kartoffeln ebenfalls leicht würzen und in die Sauce geben. Zuletzt den gehackten Dill und die Schlagsahne unterheben.

Die Filets leicht salzen, pfeffern, in Mehl wenden und in der restlichen Butter von beiden Seiten kurz braten. Herausnehmen und auf den Dillkartoffeln anrichten.

Die sahnigen Dillrahmkartoffeln passen besonders gut zu den feinen, milden Renkenfilets.

Piccata vom Bachsaibling

ZUTATEN

4	frische Bachsaiblinge à 350 g, filetiert, gehäutet und ohne Gräten
	Salz und Pfeffer
	Saft von 1/2 Zitrone
50 g	Mehl
2	Eier
40 g	Parmesankäse, frisch gerieben
100 g	Butter
2	Tomaten, gehäutet und gewürfelt
1 EL	Kräuter, frisch gehackt (Zitronenmelisse, Petersilie, Schnittlauch)

UND SO WIRD'S ZUBEREITET

Die Saiblingsfilets salzen, pfeffern, mit Zitronensaft beträufeln und in Mehl wenden. Die Eier mit geriebenem Käse verquirlen und die Fischfilets durchziehen. In schäumender Butter von beiden Seiten knusprig braten und auf einer vorgewärmten Platte anrichten.

Die Tomatenwürfel zusammen mit den Kräutern im verbliebenen Bratensatz mit der restlichen Butter schwenken. Salzen, pfeffern und über die knusprige Saiblingspiccata geben.

Dazu passen eine kalte Joghurtsauce, warmes Weißbrot und frische Salate. Kartoffeln müssen nicht unbedingt sein.

Seezunge in der Kartoffelkruste gebacken

ZUTATEN

1,2 kg	Kartoffeln, geschält
4	frische Seezungen à 400 g, bratfertig zubereitet
	Salz und Pfeffer
	Limetten- oder Zitronensaft
100 g	Mehl
2 bis 3	Eier, verquirlt
	Öl zum Braten

UND SO WIRD'S ZUBEREITET

Die Kartoffeln auf einer Röstiraffel fein reiben. In ein Tuch legen und den Saft gründlich ausdrücken.

Die Seezungen salzen, pfeffern und mit Zitronensaft beträufeln. In Mehl wenden und durch die Eier ziehen. In die ausgepreßten Kartoffeln tauchen und diese mit der Hand fest andrücken.

In einer größeren Pfanne das Öl stark erhitzen und die Seezungen einlegen. Von beiden Seiten knusprig braten.

Dazu eine kalte Sauce aus Joghurt, Sauerrahm und frischen Kräutern reichen.

Vor dem Servieren noch einmal leicht salzen und mit etwas leicht gebräunter Butter beträufeln.

Es ist sehr wichtig, daß die Kartoffeln sehr gut ausgedrückt werden. Wenn zuviel Saft zurückbleibt, wird die Kartoffelkruste eher "lätschert" als "knusprig".

Natürlich können Sie auch andere Fische so zubereiten, jedoch sollten Sie dann Filets verwenden.

FISCH-GUGELHUPF

ZUTATEN

250 g	Zanderfilet, ohne Gräten
	Salz und Pfeffer
	Zitronensaft
	Noilly Prat (Wermut)
1	Eiweiß
100 g	Sahne
	Butter für die Gugelhupf-Form
5	große Wirsingblätter, blanchiert
100 g	Gemüsewürfel (Karotte, Lauch, Zucchini), blanchiert
2 EL	Kräuterpüree (Spinat, Kerbel, Petersilie, Basilikum etc.)
600 g	Fischfilets (Seezunge, Lachs, Zander, Lotte), ohne Gräten
100 g	Garnelen

UND SO WIRD'S ZUBEREITET

Das Zanderfilet in 1 x 1 cm große Stücke schneiden. Salzen, pfeffern, mit Zitronensaft und Noilly Prat verfeinern. Mit dem Eiweiß vermengen und für etwa 20 Minuten kalt stellen, am besten im Gefrierfach.

Das Zanderfilet mit etwa 1/3 der Sahne im Küchenmixer fein pürieren. Die restliche Sahne unterrühren und die Fischfarce nochmals abschmecken.

Die Gugelhupfform üppig mit Butter ausstreichen. Die Wirsingblätter so einlegen, daß die Kanten verschlossen sind und noch etwas zum Verschließen überhängt; leicht mit Fischfarce bestreichen.

Etwa 3/4 der Farcemenge mit den Gemüsewürfeln vermischen. Das andere Viertel mit dem Kräuterpüree verrühren und beiseite stellen.

Die diversen Fischfilets salzen, pfeffern und mit Zitronensaft und Noilly Prat verfeinern.

Die Gugelhupfform abwechselnd mit den einzelnen Zutaten füllen: Die gewürzten Fischfilets einlegen, ein wenig Fischfarce, einen Teil Garnelen. Etwa in der Formmitte die grüne Kräuterfarce hineingeben, dann weiter fortfahren mit der Gemüsefarce, den Fischfilets, bis alles aufgebraucht ist. Mit den überhängenden Wirsingblättern verschließen und mit Alufolie abdecken.

Im Wasserbad bei etwa 140°C Ofentemperatur 35 bis 40 Minuten garen.

Den gegarten Fisch-Gugelhupf aus dem Ofen nehmen, etwa 10 Minuten ruhen lassen und erst dann auf eine Platte stürzen. Am Tisch anschneiden.

Der Erfolg Ihres speziellen Fisch-Gugelhupfs hängt selbstverständlich von der Qualität und Frische der verwendeten Fische ab. Konsumfische wie z.B. Kabeljau, Seelachs etc. sollten Sie nicht verwenden, da diese keine gute Bindung abgeben und als Einlage nicht schnittfest genug sind.

Auf dem Foto sehen Sie eine Scheibe vom Fischgugelhupf mit kalter Kräutersauce und gebratener Garnele.

Forellenknödel auf Meerrettichsauce

ZUTATEN FÜR DIE SAUCE

500 g	Forellenkarkassen, gewaschen und zerkleinert
1	kleine Stange Lauch, gewaschen und klein geschnitten
1	Schalotte, geschält und klein gewürfelt
80 g	Butter
500 ml	Wasser
125 ml	Weißwein
1	Lorbeerblatt
1	Thymianzweig
8	Pfefferkörner
	Salz
1 EL	Mehl
300 ml	Sahne
	Pfeffer
	Zitronensaft
	Noilly Prat (Wermut)
	frisch geriebener Meerrettich

ZUTATEN FÜR DIE KNÖDEL

250 g	frische Forellenfilets, gekühlt und in 1 cm große Würfel geschnitten
1	Scheibe Toastbrot, in 1 cm große Würfel geschnitten
1	Eiweiß
	Salz und Pfeffer
	Zitronensaft
	Noilly Prat (Wermut)
200 ml	Sahne
3	geräucherte Forellenfilets, gewürfelt
80 g	Gemüsewürfel (Karotte, Zucchini, Kohlrabi), blanchiert
2 EL	gehackte Kräuter (Basilikum, Kerbel, Dill)

UND SO WIRD'S ZUBEREITET

Die Forellenkarkassen, den Lauch und die Schalottenwürfel in etwa 20 g heißer Butter andünsten. Mit Wasser und Weißwein aufgießen sowie das Lorbeerblatt, die Pfefferkörner und den Thymianzweig hinzufügen. Das Ganze etwa 20 Minuten köcheln lassen; öfter abschäumen. Den Topf beiseite ziehen, 10 Minuten ziehen lassen und durch ein Sieb passieren. Den passierten Fischsud erneut zum Kochen aufstellen und auf etwa 0,3 l einkochen lassen; leicht salzen.

Aus 30 g Butter und dem Mehl eine helle Schwitze zubereiten. Mit dem Fischfond und der Sahne aufgießen. Unter ständigem Rühren eine sämige Sauce kochen. Mit Salz, Pfeffer, Zitronensaft und Noilly Prat abschmecken. Die restliche Butter und den geriebenen Meerrettich mit dem Mixstab einrühren und nochmals abschmecken.

Die Forellen- und Toastbrotwürfel mit dem Eiweiß vermengen und mit Salz, Pfeffer, Zitronensaft sowie Noilly Prat würzen und mit der Sahne verrühren, im Küchenmixer zu einer glatten Farce verarbeiten und diese durch ein Sieb streichen.

Die Forellenfilets mit den Gemüsewürfeln und den Kräutern in die Farce rühren. Abschmecken.

Aus dem Fischteig mit einem Eßlöffel und mit Hilfe der Hand kleine Knödel formen und diese in siedendes Salzwasser legen. Bei milder Hitze etwa 5 bis 8 Minuten ziehen lassen, nicht kochen!

Die fertigen Fischknödel auf der nochmals aufgeschäumten Meerrettichsauce anrichten.

Dazu schmeckt am besten Reis. Bitte vergessen Sie nicht, einen Probeknödel zu machen. Die Bindung bei einer Fischfarce hängt ganz wesentlich von Qualität und Frische des Produkts ab.

Grundsätzlich gilt, je frischer der Fisch, desto mehr Sahne kann er aufnehmen und je mehr Sahne, um so lockerer, feiner, zarter und eleganter wird die Farce.

Lasagne von Lachs und Kohlrabi

ZUTATEN

1	Schalotte, geschält und fein gewürfelt
60 g	Butter
20 g	Mehl
300 ml	Fischfond
250 ml	Sahne
50 ml	Weißwein
1 TL	Krebsbutter
	Noilly Prat (Wermut)
	Weinbrand
	Salz, Pfeffer und Cayennepfeffer
2	mittlere Kohlrabi, geschält und in 3 mm dünne Scheiben geschnitten
700 g	Lachsfilet, in 3 mm dünne Scheiben geschnitten
	Butter für die Förmchen
2 EL	Schlagsahne

UND SO WIRD'S ZUBEREITET

Die Schalotte in 30 g Butter hell andünsten. Mit Mehl bestäuben, kurz mitdünsten und mit dem Fischfond aufgießen. Sahne und Weißwein hinzufügen und zu einer sämigen Sauce kochen. Zuletzt die restliche Butter und die Krebsbutter mit dem Mixstab einrühren.

Die Sauce mit Noilly Prat, Weinbrand, Salz, Pfeffer und Cayennepfeffer pikant würzen.

Die Kohlrabi in kochendem Salzwasser bißfest garen. Mit kaltem Wasser abschrecken und auf einem Tuch abtropfen lassen.

Die Lachsscheiben von beiden Seiten leicht salzen und pfeffern.

Das Ganze portionsweise in Suppentellern, Kaffeetassen oder in einer großen feuerfesten Form einschichten. Die Gefäße ausbuttern und den Boden mit etwas Sauce bedecken. Nacheinander Lachs, Kohlrabi und die Sauce einfüllen, bis alles aufgebraucht ist. Mit Klarsichtfolie abdecken und in der Mikrowelle etwa 4 bis 5 Minuten bei etwa 2/3 Leistung garen; anschließend einige Minuten ruhen lassen. Die restliche Sauce nochmals erwärmen, eventuell etwas verdünnen und mit dem Mixstab schlagen. Die Sahne unterheben.

Die Lasagne aus den Tassen stürzen und mit der Sauce überziehen.

Sollten Sie kein Mikrowellengerät zur Verfügung haben, dann können Sie die Lasagne im Backofen im Wasserbad in etwa 25 Minuten garen.

Auf dem Foto haben wir die Lachs-Kohlrabilasagne auf breiten Nudeln angerichtet. Im Hintergrund ein Fischernetz aus einer Karotte geschnitten.

LACHSFORELLENFILETS IM BUTTERMILCHSUPPERL

ZUTATEN

1	Schalotte, geschält und fein gewürfelt
30 g	Butter
400 ml	Fischfond
4	Lachsforellenfilets à 100 g, ohne Gräten
150 ml	Sahne
	etwas Zitronensaft und abgeriebene Schale
200 ml	Buttermilch
	Salz und Pfeffer
2 EL	frisch gehackte Kräuter
200 g	Gemüsestreifen, blanchiert (Zucchini, Karotten, Sellerie)

UND SO WIRD'S ZUBEREITET

Die Schalottenwürfel in schäumender Butter andünsten. Mit Fischfond aufgießen und aufkochen lassen.

Die Lachsforellenfilets in den Sud legen und 3 bis 4 Minuten pochieren. Vorsichtig herausnehmen und abgedeckt warm stellen.

Den Fischsud auf ca. 100 ml einkochen. Sahne und Buttermilch beigeben. Kurz aufkochen und im Küchenmixer kräftig aufschlagen. Mit Salz, Pfeffer, Zitronensaft und ein wenig abgeriebener Zitrone abschmecken.

Zum Anrichten die Lachsforellenfilets häuten und in tiefe Teller geben. Gemüsestreifen erwärmen, über die Lachsforellenfilets verteilen. Buttermilchsupperl nochmals kräftig aufschäumen und über die angerichteten Filets und Gemüsestreifen gießen. Mit den Kräutern bestreuen.

Es soll natürlich nicht zuviel Suppe gereicht werden, sondern nur mehr als es sonst Sauce gibt!

Das Gericht ist wirklich so leicht und fein, wie es aussieht.

Hechtwickerl in Salbeisauce

ZUTATEN

600 g	Hechtfilet, gehäutet und entgrätet
8	dünne Speckscheiben
16	Salbeiblätter
1	Schalotte, geschält und fein gewürfelt
250 ml	Fischfond
250 ml	Weißwein
100 g	Butter
125 ml	Sahne
	Salz und Pfeffer
	Zitronensaft

UND SO WIRD'S ZUBEREITET

Den Ofen auf 200°C vorheizen.

Die Hechtfilets in 8 Stücke teilen. Die dünnen Speckscheiben in einer Pfanne kurz anbraten. Auf jede Speckscheibe zwei Salbeiblätter und ein Stück Hechtfilet legen und zusammenrollen. Feststecken oder mit einem Zwirn zusammenbinden.

Die Schalottenwürfel in etwas Butter andünsten. Fischfond und Weißwein angießen und aufkochen. Die Hechtwickerl in die Brühe setzen und im Ofen ca. 5 Minuten garen. Herausnehmen und zugedeckt warm stellen.

Die Flüssigkeit auf 250 ml reduzieren, restliche Butter und Sahne beigeben und mit dem Mixstab zu einer sämigen Sauce aufschlagen. Salzen, pfeffern und mit Zitronensaft und gegebenenfalls noch mit mehr Salbei abschmecken.

Die Sauce über die Hechtwickerl gießen. Mit Kartoffeln und Gemüse servieren.

Hecht hat leider sehr viele Gräten und wird deshalb bevorzugt zu Nockerl, Knödel oder zur Terrine verarbeitet. Er schmeckt jedoch auch so ganz vorzüglich, vorausgesetzt er wiegt nicht mehr als 2 kg und kommt aus sauberen Gewässern.

FISCH-TRIO IM STRUDELTEIG GEBACKEN

ZUTATEN FÜR DEN STRUDELTEIG

30 g	Mehl
2 EL	Öl
150 ml	lauwarmes Wasser
	Salz

ZUTATEN FÜR DAS FISCH-TRIO

4	kleine Zanderfilets à 70 g
4	Scheiben Lachsfilet à 50 g
4	Seezungenfilets à 50 g
	Saft von 1 Zitrone
	Salz und Pfeffer
80 g	flüssige Butter
50 g	Spinatblätter, blanchiert
60 g	Kräuterbutter
100 ml	Öl zum Braten

UND SO WIRD'S ZUBEREITET

Aus Mehl, Öl, Wasser und Salz einen glatten Strudelteig herstellen. Mit Öl bepinseln und für etwa 40 Minuten an einem warmen Ort ruhen lassen.

Die Fischfilets säubern, mit Zitronensaft säuern, salzen sowie leicht pfeffern.

Den Teig auf einer bemehlten Arbeitsfläche möglichst dünn auswellen und in 4 Teile von etwa 20 x 30 cm schneiden. Mit flüssiger Butter bepinseln.

Auf jeder Teigportion zuerst das Zanderfilet mit der Hautseite nach unten in der Mitte plazieren. Die Lachsfilets in Spinatblätter einwickeln und obenauf setzen, danach die Seezungenfilets. Zwischen jede Schicht etwas Kräuterbutter geben. Die Teigpäckchen verschließen und dabei die Enden mit etwas Wasser befeuchten. In heißem Öl in etwa 8 bis 10 Minuten knusprig braten. Vor dem Servieren noch einige Minuten ruhen lassen.

Das Fisch-Trio muß im Teig sehr gut eingepackt und verschlossen sein, da sonst die Kräuterbutter auslaufen würde, die dem Ganzen Saftigkeit und viel Geschmack gibt. Am besten auf sahnigem Kohlrabigmias, Rezept auf Seite 134, oder Bavaria bluespinat, Rezept auf Seite 168, servieren!

Wallerfilet auf Rahmsauerkraut

ZUTATEN

500 g	Wallerfilet, gesäubert und in 4 Portionen geschnitten
	Salz und Pfeffer
	Zitronensaft
	Mehl zum Wenden
50 g	Butterschmalz
50 g	Räucherspeck, gewürfelt
1	Zwiebel, gehackt
80 g	Butter
1 EL	Mehl
125 ml	Sahne
125 ml	Fischfond
125 ml	Weißwein
400 g	Sauerkraut, fertig gekocht
125 ml	Sauerrahm
	Meerrettich zum Abschmecken

UND SO WIRD'S ZUBEREITET

Wallerfilets salzen, leicht pfeffern, mit Zitronensaft säuern und in Mehl wenden. In heißem Butterschmalz langsam braten; dann zugedeckt warm stellen.

Die Speck- und die Zwiebelwürfel in der Hälfte der Butter glasig dünsten. Unter ständigem Rühren Mehl einsieben und das Ganze hell halten. Mit Sahne, Fischfond sowie Weißwein aufgießen und aufkochen lassen. Die Sauce auf etwa 400 ml reduzieren, restliche Butter einmixen und pikant würzen.

Das gekochte Sauerkraut unter die Sauce heben und noch mit etwas Meerrettich abschmecken.

Das Rahmsauerkraut auf vorgewärmten Tellern anrichten und die Wallerfilets daraufsetzen. Mit je einem Löffel Sauerrahm garnieren.

Dazu passen am besten Kartoffeln. Ein Gericht für Fischliebhaber, die es auch gerne etwas deftiger mögen.

Auf dem Foto sehen Sie das Gericht mit jungen Zwiebeln, Tomatenspalten, Pfifferlingen und Kartoffelstroh garniert.

FLEISCH UND INNEREIEN

Gefüllte Kalbstascherl à la Süßmeier

Wörnbrunner Krautwickerl

Kalbsbries gebacken in Kräuterbröseln

Kalbshaxn im Zitronenrahm

Kalbskotelett in Bavaria Blue-Sauce

Geschmorter Rindswadl

Spanferkelripperl mit Weißbiersauce und Apfelkücherl

Osso Buco à la Bavarese

Gesottenes Kalbsfilet in Safran-Champagner

Tafelspitz mit Kartoffelsauce

Kalbsbrust mit Breznfüllung

Ochs an der Schnur

Saupolsterl

Rindsroulade in Gurkenrahm

Junge Lammschulter mit Pfefferminzbutter gefüllt

Kutteln mit Tomaten und Kümmel

Gefüllte Kalbstascherl à la Süssmeier

ZUTATEN

600 g	Kalbslende
1	Schalotte, geschält und fein gewürfelt
1	Knoblauchzehe, geschält und fein gewürfelt
4	große Champignonköpfe, geputzt
1 EL	Zitronensaft
1/2 Bund	Petersilie, gehackt
30 g	Butter
150 g	Kalbsbriesröschen, blanchiert
1	Eidotter
	Salz und Pfeffer
	Brösel von 2 altbackenen Brezen
	Butterschmalz zum Ausbacken

UND SO WIRD'S ZUBEREITET

Die Kalbslende in Schmetterlingsform à 150 g schneiden und zwischen zwei Klarsichtfolien flach klopfen.

Champignons feinblättrig schneiden und mit Zitronensaft beträufeln.

Die Schalotten- und Knoblauchwürfel sowie die Champignons in heißer Butter andünsten. Anschließend mit den Kalbsbriesröschen, der Petersilie und dem Eidotter vermischen. Salzen und pfeffern.

Die Kalbsschnitzel mit der pikanten Mischung füllen, zusammenklappen und mit Holzspießchen zusammenstecken. Leicht salzen, pfeffern und in den Brezenbröseln wenden. In heißem Butterschmalz von beiden Seiten knuspig ausbacken.

Dazu paßt ein bunter Kartoffelsalat wie auf dem Foto und ein frisches Bier. So empfiehlt es jedenfalls der Namenspatron dieses Gerichts.

WÖRNBRUNNER KRAUTWICKERL

ZUTATEN

1	kleiner Weißkrautkopf
2	Semmeln vom Vortag, halbiert und in Scheiben geschnitten
125 ml	heiße Milch
300 g	frische Schwammerl nach Jahreszeit, sauber geputzt
1	Zwiebel, geschält und gehackt
1 bis 2	Knoblauchzehen, geschält und fein gewürfelt
	etwas Fett zum Braten der Schwammerl
300 g	Hackfleisch
	Salz, Pfeffer und Majoran
1 Prise	Curry und etwas Senf
2	Eier
1 Bund	Petersilie, gehackt
8	Scheiben geräucherter Bauchspeck
250 ml	Brühe, etwas Butter für den Bräter
250 ml	Sahne
2 EL	frische gehackte Kräuter
100 ml	Bratensauce
	Mehlbutter (20 g Mehl und 40 g weiche Butter verknetet)

UND SO WIRD'S ZUBEREITET

Den Weißkrautkopf vom Strunk befreien und in kochendes Salzwasser geben. Die abfallenden Blätter herausnehmen und auf einem Tuch gut abtropfen lassen.

Die Semmelscheiben mit etwas heißer Milch leicht überbrühen.

Die Schwammerl etwas klein schneiden und zusammen mit den Zwiebelwürfeln und dem Knoblauch in einer Pfanne gut anbraten. Salzen und pfeffern. Etwa die Hälfte der angebratenen Schwammerln (für Sauceneinlage) beiseite stellen. Die restlichen Schwammerl grob hacken.

Nun aus dem Hackfleisch, den gebrühten Semmelscheiben, den Eiern und den gehackten Schwammerln eine Masse herstellen, kräftig abschmecken mit Salz, Pfeffer, Majoran, etwas Senf und einer Prise Curry. Etwa 2 EL davon auf 1 Krautblatt geben, dieses seitlich einschlagen, zusammenrollen und mit einer Speckscheibe umwickeln.

Einen passenden Bräter mit Butter ausstreichen und die Wickerl eng aneinander einsetzen. Mit Brühe auffüllen und in den auf 190°C vorgeheizten Backofen schieben. Etwa 20 bis 30 Minuten garen. Die Wickerl herausnehmen.

Die Garflüssigkeit in einen Topf umfüllen. Die Wickerl warm stellen.

Für die Sauce die Sahne und die Bratensauce zur Garflüssigkeit geben und auf die gewünschte Menge auskochen und mit der Mehlbutter leicht binden, abschmecken und mit dem Mixstab aufschlagen. Nun die zurückgehaltenen Schwammerl und die Kräuter in die Sauce geben. Die Krautwickerl auf der Sauce anrichten. Dazu Kartoffelbrei reichen.

Kalbsbries gebacken in Kräuterbröseln

ZUTATEN

600 g	Kalbsbries
1	Zwiebel, geschält
1	Nelke
1/2	Stange Lauch, gewaschen
1	Kräutersträußchen
	Salz und Pfeffer
	Zitronensaft
100 g	Semmelbrösel
	reichlich Kräuter (Basilikum, Schnittlauch, Estragon, Dill), gehackt
	Mehl
2	Eier, verquirlt
80 g	Butter

UND SO WIRD'S ZUBEREITET

Das Kalbsbries in kaltem Wasser solange wässern, bis das Wasser klar bleibt. In einem Topf mit kaltem Wasser das Kalbsbries zum Kochen aufstellen. Die Zwiebel mit der Nelke spicken und mit dem Lauch und dem Kräutersträußchen in den Topf geben. Das Kalbsbries etwa 10 Minuten garen, dann herausnehmen, abkühlen lassen, häuten und in Scheiben schneiden. Salzen, pfeffern und mit Zitronensaft beträufeln.

Die Semmelbrösel mit den gehackten Kräutern vermischen. Die Briesscheiben in Mehl wenden, durch die Eier ziehen und in den Kräuter-Semmelbröseln panieren. In reichlich schäumender Butter knusprig und goldbraun ausbacken.

Dazu schmeckt hervorragend eine Zitronenmayonnaise und Kartoffel-Gurkensalat oder junges Gemüse und Kartoffeln!

Anstatt Kalbsbries ist dieses Rezept ebenso für Kalbszunge geeignet. Aus dem Sud kochen Sie eine feine Suppe.

KALBSHAXN IM ZITRONENRAHM

ZUTATEN

1	*hintere Kalbshaxn von ca. 2 kg, gründlich abgespült*
2	*Lorbeerblätter*
1	*Thymianzweig*
250 ml	*Weißwein*
2	*Zwiebeln, geschält*
4	*Karotten, geschabt*
1	*kleine Stange Lauch, gewaschen*
250 ml	*Sahne*
	Salz und Pfeffer
	Zucker
	Saft und abgeriebene Schale von 1 Zitrone (ungespritzt)
150 g	*kalte Butter*
1/2 Bund	*Zitronenmelisse*

UND SO WIRD'S ZUBEREITET

Die Kalbshaxn in einen Topf mit etwa 4 l Wasser legen. Die Lorbeerblätter, den Thymianzweig sowie den Weißwein hinzufügen. Das Gemüse hineingeben und im Ganzen langsam mitkochen. Nach dem ersten Aufkochen ständig die Oberfläche des Suds abschäumen.

Den Lauch nach einigen Minuten, die Karotten nach etwa 15 Minuten und die Zwiebeln nach 40 Minuten herausnehmen und beiseite stellen.

Nach einer Gesamtkochzeit von ca. 1 1/2 bis 2 Stunden sollte die Haxe fertig sein, jedoch auf alle Fälle die Nadelprobe machen. Herausnehmen und zugedeckt warm stellen.

Den Sud durch ein Sieb passieren und auf etwa 250 ml einkochen. Die Sahne einrühren und mit Salz, Pfeffer, Zucker, Zitronensaft und -schale würzen. Die kalte Butter mit einem Mixstab einrühren.

Die Zitronenmelisse putzen, in dünne Streifen schneiden und in die Sauce geben. Nach Bedarf nochmals nachwürzen. Die mitgegarten Gemüse in mundgerechte Stücke schneiden, das Haxnfleisch vom Knochen lösen und der Länge nach in Scheiben schneiden. Zum Erwärmen in die Sauce geben und servieren.

Dazu passen hervorragend Kartoffel-Quarknockerl, Rezept auf Seite 131.

Da die Kalbshaxn reich an gallertartigen Partien ist, die beim Kochen in den Sud übergehen, ist eine Bindung der Sauce mit Mehl nicht erforderlich.

Kalbskotelett in Bavaria Blue-Sauce

ZUTATEN

1	große Zwiebel, geschält und gewürfelt
30 g	Butter
200 ml	Brühe
200 ml	Sahne
	Pfeffer
1	Lorbeerblatt
4	Kalbskotelett à 180 g
50 g	Fett
	Salz
100 ml	Weißwein
120 g	Bavaria blue Käse, in kleinen Stücken

UND SO WIRD'S ZUBEREITET

Die Zwiebel in heißer Butter anschwitzen. Mit Brühe und einem Teil Sahne aufgießen. Mit Pfeffer würzen und mit dem Lorbeerblatt solange köcheln, bis die Zwiebeln weich sind.

In der Zwischenzeit die Koteletts leicht flach klopfen, salzen und pfeffern. In heißem Fett von beiden Seiten langsam braten. Die fertigen Koteletts warm stellen. Das Fett abgießen und den Bratensatz mit Weißwein ablöschen und diesen zur Sauce gießen.

Das Lorbeerblatt aus der Sauce nehmen und den Käse in kleinen Stückchen einrühren. Mit Sahne aufmixen und nochmals abschmecken.

Auf dem Foto sehen Sie das Kalbskotelett in Bavaria blue-Sauce, angerichtet mit Spinat und Sekt-Graupenrisotto, Rezept auf Seite 135, und einer ausgehöhlten, pochierten Birne.

Geschmorter Rindswadl

ZUTATEN FÜR 10 PERSONEN

1	Rindshaxe (mit Knochen) von ca. 4 kg
	Salz und frisch gemahlener Pfeffer
100 g	Mehl zum Wenden
80 g	Fett zum Anbraten
3	Zwiebeln, nicht geschält
2	Karotten, gewaschen
1/2	Stange Lauch, gewaschen
3	Knoblauchzehen, nicht geschält
100 g	Sellerie, gewaschen und ungeschält
2	Lorbeerblätter
3	Nelken
10	Wacholderbeeren
1	Thymianzweig
1 Stück	Speckschwarte
60 g	Tomatenmark
500 ml	Rotwein
3 bis 4 l	Brühe und ca. 6 l Wasser zum Nachgießen
50 g	Preiselbeerkompott
1 TL	Meerrettich
1 EL	scharfer Senf

UND SO WIRD'S ZUBEREITET

Die Rinderhaxe salzen, pfeffern und in Mehl wenden. In einem großen Bräter das Fett erhitzen und darin die Wade von allen Seiten leicht anbraten; herausnehmen.

Das Gemüse in ca. 2 cm große Stücke schneiden und in dem Bratensatz kräftig anrösten. Die Gewürze sowie die Speckschwarte beigeben und das Ganze mit Tomatenmark durchrösten. Zweimal mit Rotwein ablöschen und jeweils unter ständigem Rühren einkochen lassen.

Die Rinderhaxe in den Bräter zurücklegen und mit soviel Brühe auffüllen, daß sie gut bedeckt ist. Den Bräter in den vorgeheizten Ofen schieben und die Wade bei milder Hitze etwa 4 bis 6 Stunden langsam schmoren. Zwischendurch die Rinderwade mehrmals wenden und nach Bedarf Brühe nachgießen.

Die fertig gegarte Wade aus dem Bräter nehmen und abgedeckt warm stellen. Die Sauce bei starker Hitze auf etwa 1,5 l einkochen. Anschließend mit Preiselbeeren, Meerrettich sowie Senf abschmecken und durch ein Sieb passieren.

Die Rinderhaxe vom Knochen lösen, dabei die besonders dicken Sehnen wegschneiden. Das Fleisch in Scheiben schneiden und in der Sauce servieren.

Als Beilage paßt natürlich ein "Saucenschlucker" wie z.B. ein Brezngugelhupf oder Knödeln aller Art.

Ich gebe zu, dieses Gericht braucht ein wenig Engagement, den richtigen Bräter oder Topf und sehr (sehr) viel Zeit. Doch wird Sie der unübertrefflich volle Geschmack und die "Super-Sauce" dafür entschädigen. Sie sollten dieses Gericht unbedingt bereits einen Tag vorher zubereiten – das Aufwärmen ist kein Qualitätsverlust!

Spanferkelripperl mit Weissbiersauce und Apfelkücherl

Zutaten für das Ripperl

1	*Spanferkelrücken von ca. 1 kg*
300 g	*Zwiebeln, geschält und grob gewürfelt*
2 bis 3	*Knoblauchzehen, geschält und gepreßt*
	Salz, Pfeffer und Kümmel
50 g	*Fett zum Braten*
200 ml	*Weißbier*
500 ml	*Bratenjus*
	Fett zum Braten

Zutaten für die Apfelkücherl

2	*Äpfel, geschält, entkernt und geviertelt*
150 g	*Mehl*
150 ml	*Weißbier*
1	*Eigelb*
	Salz
1 TL	*Kümmel*
2	*Eiweiß, steif geschlagen*
	Fett zum Ausbacken

Und so wird's zubereitet

Den Spanferkelrücken vom Metzger so herrichten lassen, daß die Rippenknochen 2 bis 3 cm frei liegen. Den Ofen auf 200°C vorheizen.

Den Spanferkelrücken mit Kümmel, Salz, Pfeffer und Knoblauch einreiben. Zusammen mit den Zwiebeln in eine gefettete Bratreine legen und in den Ofen schieben. Während der Garzeit von 30 bis 40 Minuten öfter mit Weißbier übergießen. Nach etwa der Hälfte der Bratzeit die Schwarte einschneiden. Den fertigen Spanferkelrücken aus der Reine nehmen und für etwa 20 Minuten an einem warmen Ort ruhen lassen. Den Bratensatz mit dem restlichen Weißbier sowie dem Bratenjus lösen und kurz aufkochen lassen.

Aus Mehl, Weißbier, Eigelb, Salz und Kümmel einen glatten Teig rühren. Eischnee vorsichtig unterheben. Die Apfelviertel in Mehl wenden, durch den Teig ziehen und in heißem Fett 3 bis 4 Minuten schwimmend ausbacken.

Den Spanferkelrücken aufschneiden und mit den Apfelkücherln und der Weißbiersauce anrichten.

Dazu kleine Knöderln servieren.

Diese fruchtig-säuerliche Variante gibt dem Spanferkel wirklich Pfiff!

Osso Bucco à la Bavarese

ZUTATEN

4	Kalbshaxnscheiben mit Mark und Knochen à ca. 350 g
	Salz, Pfeffer und Majoran
	etwas Mehl
4 EL	Öl
300 g	gewürfeltes Röstgemüse (Zwiebel, Karotte, Sellerie, Lauch)
1 EL	Tomatenmark
250 ml	Weißwein
3	Lorbeerblätter
1/2 TL	weiße Pfefferkörner
2	Nelken
4	Salbeiblätter
1	frischer Rosmarinzweig
15	Pimentkörner
	einige Petersilienstengel und frisch gehackter Knoblauch
1 l	Kalbsfond oder Rinderbrühe

ZUTATEN FÜR DIE GARNITUR

100 g	Kohlrabi, in dünne Streifen geschnitten und blanchiert
60 g	Wirsing, in dickere Streifen geschnitten
100 g	Karotten, in dünne Streifen geschnitten und blanchiert
100 g	Rosenkohlröschen, gegart und halbiert
12	Silberzwiebeln
50 g	Räucherspeckstreifen
2 EL	Butter

UND SO WIRD'S ZUBEREITET

Die Kalbshaxnscheiben salzen, pfeffern und in Mehl wenden. In heißem Öl einlegen und von beiden Seiten scharf anbraten; herausnehmen. Erst das Röstgemüse und dann das Tomatenmark in die Pfanne geben und gut ausrösten. Schluckweise mit Weißwein ablöschen und wieder völlig einkochen.

Die Gewürze (Petersilienstengel sowie den Knoblauch) hinzufügen und die Brühe angießen. Die Haxnscheiben in die Sauce einlegen und diese bei mittlerer Hitze etwa 1 1/2 Stunden schmoren. Die gegarten Haxnscheiben herausnehmen und abgedeckt kurz warm stellen. Die Sauce passieren und auf die gewünschte Konsistenz einkochen. Nochmals abschmecken.

Die Zutaten für die Garnitur in schäumende Butter streuen und einige Minuten andünsten; salzen und pfeffern.

Dazu passen Omas Teigknödel, Rezept auf Seite 133, Kartoffeln, Topfennockerl oder ganz einfach Nudeln. Das Geheimnis der kräftigen Sauce wird buchstäblich aus dem Muskelfleisch und dem Mark der Knochen gesch(r)öpft.

Gesottenes Kalbsfilet in Safran-Champagner

ZUTATEN

500 ml	heller Kalbsfond oder Brühe
500 g	Kalbsfilet, küchenfertig
100 ml	Champagner
200 g	kalte Butter
1 g	Safran
	Salz und Pfeffer
300 g	Gemüsestreifen (Karotte, Lauch, Sellerie), blanchiert

UND SO WIRD'S ZUBEREITET

Den Kalbsfond erhitzen und das Kalbsfilet in die siedende Flüssigkeit legen. Der Sud sollte allerdings nicht kochen!

Nach etwa 12 Minuten das rosa gegarte Kalbsfilet aus der Kochflüssigkeit nehmen; zugedeckt warm stellen. Den Sud schnell auf 100 ml einkochen.

Danach den Champagner zugießen und nicht mehr kochen.

180 g Butter in kleine Stückchen schneiden und zusammen mit dem Safranpulver unter die Sauce rühren; salzen und pfeffern.

Die Gemüsestreifen in der restlichen Butter schwenken. Das Kalbsfilet in fingerdicke Scheiben schneiden und mit der Sauce sowie dem Gemüse hübsch anrichten. Mit gehackten Kräutern garnieren.

Zu diesem Gericht empfehle ich Grießnockerl oder Reis.

"Küchenfertig" heißt beim Fleisch grundsätzlich, daß Häute, Sehnen oder nicht benötigte Knochen bereits entfernt worden sind.

Den Safran sehr vorsichtig dosieren, denn weniger davon ist meist mehr. Ein sehr leichtes, junges Gericht, das noch viel Platz und Muse für andere Annehmlichkeiten läßt.

Tafelspitz mit Kartoffelsauce

ZUTATEN

100 g	Sellerie, geschält
1/2	Stange Lauch, gewaschen
2	Karotten, geschabt
500 g	Kartoffeln, geschält und gewürfelt
1 kg	Tafelspitz, abgespült
1	mittlere Zwiebel, geschält
1	Lorbeerblatt
1	Nelke
125 ml	Sahne
	Meerrettich, frisch gerieben
	Salz und Pfeffer
	Majoran

UND SO WIRD'S ZUBEREITET

Die Kartoffelwürfel bis zum Gebrauch in kaltes Wasser legen.

Den Tafelspitz in einen passenden Topf legen und mit etwa 2 1/2 l kochend heißem Wasser aufgießen. Die Zwiebel mit dem Lorbeer sowie der Nelke spicken und zum Fleisch geben.

Die vorbereiteten Gemüse dazugeben und das Fleisch etwa 2 Stunden bei milder Hitze weich kochen. Die gegarten Gemüse bereits nach 15 Minuten aus der Brühe nehmen, mit Eiswasser abschrecken und abtropfen lassen.

Den gegarten Tafelspitz aus dem Topf nehmen und zugedeckt warm stellen. Einen Liter Brühe abmessen und darin die Kartoffelwürfel weich garen. Einen Teil der gegarten Kartoffeln für die Einlage beiseite stellen.

In die restliche Kartoffelbrühe die Sahne gießen und das Ganze mit dem Mixstab pürieren*). Die gegarten Gemüse passend zu den Kartoffelwürfeln schneiden unter die Kartoffelsahne heben. Mit Meerrettich, Salz, Pfeffer und wenig Majoran würzen.

Den Tafelspitz gegen die Faser aufschneiden und mit der Sauce anrichten. Mit frischem Meerrettich garnieren.

Anstatt Tafelspitz eignet sich Brust oder Schulter vom Rind für dieses Rezept ebenso. Hier ist in der Sauce die Beilage eigentlich schon komplett beinhaltet.

*) Nach Bedarf Sauce mit übriger Butter verdünnen.

Das Foto zeigt die "Gefüllte Kalbsbrust mit Breznfüllung" von Seite 88/89.

Kalbsbrust mit Breznfüllung

ZUTATEN FÜR DIE FÜLLUNG

2	Semmeln vom Vortag, fein gewürfelt
3	ungesalzene Laugenbrezn, fein gewürfelt
125 ml	heiße Milch
1	kleine Zwiebel, fein gewürfelt
20 g	Butter
50 g	Champignons, geputzt und halbiert
1	Karotte, geschabt, fein gewürfelt und blanchiert
100 g	Kalbsbrät
	Salz und Pfeffer
2	Eier
50 g	Erbsen, gekocht

ZUTATEN FÜR DIE KALBSBRUST

1	Kalbsbrust mit eingeschnittener Tasche
	Salz und Pfeffer
500 g	Kalbsknochen, klein gehackt
1	Zwiebel, geschält und geviertelt
2	Karotten, geschabt und geviertelt
100 g	Sellerie, geschält und grob zerkleinert
1	Lorbeerblatt
1	Nelke
500 ml	Brühe
300 ml	Bratensauce
60 g	Butter zum Bestreichen

UND SO WIRD'S ZUBEREITET

Die Semmel- und Breznwürfel mit heißer Milch übergießen und zugedeckt ziehen lassen. Den Ofen auf 200°C vorheizen.

Die Zwiebelwürfel in 20 g Butter glasig andünsten. Das Kalbsbrät mit den Eiern, der eingeweichten Semmel-Brezn-Masse sowie den Champignons, Karottenwürfeln und den Erbsen gründlich vermengen. Mit Salz und Pfeffer abschmecken.

Die Kalbsbrust innen und außen salzen sowie pfeffern. Mit der vorbereiteten Masse füllen, zubinden oder mit einem Spieß zustecken.

Die Kalbsknochen in einen größeren Bräter legen. Zwiebelviertel, Karottenhälften und Selleriestücke sowie Lorbeerblatt und Nelke hinzufügen. Die gefüllte Kalbsbrust daraufsetzen und den Bräter in den Ofen schieben, nach etwa 20 Minuten die Hitze auf 160°C reduzieren. Das Fleisch während der etwa 2 bis 2 1/2 stündigen Bratzeit regelmäßig alle 20 Minuten mit Brühe übergießen, denn dadurch erhalten Sie eine hochwertige Sauce und gleichzeitig wird die Kalbsbrust nicht trocken.

Die fertige Kalbsbrust aus dem Bräter nehmen, üppig mit Butter einpinseln und zugedeckt an einem warmen Ort mindestens 1/2 Stunde ruhen lassen. Den Bräterinhalt unter Zusatz von etwas Brühe und Bratensauce im Ofen etwa eine 1/2 Stunde weiter kochen lassen; anschließend durch ein Sieb passieren. Erneut bei 200°C und nach Bedarf nachwürzen.

Als Beilage reichlich Salat, bei dem auch Kartoffelsalat nicht fehlen sollte, servieren.

Fischen Sie die mitgebratenen Gemüse (Zwiebel, Karotten, Sellerie) rechtzeitig aus der Bratreine und servieren sie später beim Anrichten als Garnitur und Beilage (wie auf unserem Foto).

Das Foto zu diesem köstlichen Rezept finden Sie auf Seite 87.

Ochs an der Schnur

ZUTATEN

750 g	Rinderfilet
1 l	ungesalzene Rinderbrühe
300 g	Gemüsestreifen (Karotte, Sellerie, Kohlrabi, Lauch, Zucchini)
120 g	Butter
100 g	Crème fraîche
1	kleine Stange Meerrettich
	Salz und Pfeffer
1 Bund	Schnittlauch

UND SO WIRD'S ZUBEREITET

Das Filet binden und bei milder Hitze in etwa 25 Minuten in der Brühe rosa gar ziehen lassen. Herausnehmen und mindestens 20 Minuten an einem warmen Ort ruhen lassen.

In der Zwischenzeit die Gemüsestreifen in der Brühe knackig garen; warm stellen. Den Sud auf 200 ml einkochen und dann die Butter mit dem Mixstab einrühren bis eine sämige glatte Sauce entsteht. Darauf achten, daß die Sauce nun nicht mehr kocht. Mit Créme fraîche und dem frisch geriebenen Meerrettich verfeinern. Salzen, pfeffern und nochmals kräftig aufmixen.

Das Rinderfilet mit einem scharfen Messer in Tranchen schneiden, leicht würzen und mit den Gemüsestreifen sowie der Sauce anrichten. Den Schnittlauch in Röllchen schneiden und darüberstreuen und mit frisch geriebenem Meerrettich garnieren.

Auf dem Foto sehen Sie den Ochs an der Schnur mit einem Markknödel, Rezept auf Seite 123, auf einem Markknochen. Salzkartoffeln passen genauso gut.

Warum das Gericht "Ochs an der Schnur" heißt? Früher wurde das Rinderfilet an eine Schnur gebunden, wenn es aus den riesigen Suppentöpfen nebst Hühnern, Enten etc. schnell wieder herausgefischt werden mußte. Eine echte Alternative zum sonst so üblichen gehackten Rinderfilet.

SAUPOLSTERL

ZUTATEN

1	Schweinenetz (beim Metzger vorbestellen)
400 g	Schweineschulter, grob gewürfelt
100 g	grüner Speck, grob gewürfelt
100 g	Sahne
80 g	Zwiebel, gewürfelt und gedünstet
2	Eier
	Salz und Pfeffer
	Majoran
1 bis 2 Zehen	Knoblauch, fein gewürfelt
50 g	Schweinefett

UND SO WIRD'S ZUBEREITET

Das Schweinenetz für etwa 1 Stunde in kaltes Wasser legen.

Schweinefleisch- und Speckwürfel zweimal durch den Fleischwolf drehen. Mit einem Holzlöffel die Sahne, die Zwiebelwürfel und die Eier unter den Fleischteig rühren. Salzen, pfeffern und mit Majoran sowie Knoblauch kräftig würzen.

Das gut gewässerte Schweinenetz auf einem Tuch ausbreiten und in 20 cm große runde Stücke schneiden. In jedes Portionsstück etwa 70 g Fleischteig fest einwickeln.

Die Schweinepolsterl in heißem Fett langsam braten.

Als Beilage empfiehlt sich Kartoffelsalat und ein würziges Bauernbrot - oder ein schönes Rahmgemüse und Kartoffelbrei.

Auf unserem Foto sieht man die Saupolsterl zusammen mit "Grünwalder Ritterzipfe", Rezept auf Seite 128, in einer Pfanne gebraten. Das frische Bier dazu kann man leider nicht sehen.

Durch das Schweinenetz bleiben Saft und Geschmack im Fleisch sehr gut erhalten.

Rindsroulade in Gurkenrahm

ZUTATEN

4	*Rinderrouladenschnitzel à 200 g aus der Oberschale*
	Salz und Pfeffer
2	*Zwiebeln, geschält und in Streifen geschnitten*
2	*Karotten, geschabt und in Streifen geschnitten*
2	*Essiggurken, in Streifen geschnitten*
100 g	*geräucherter Speck, in Streifen geschnitten*
2 EL	*mittelscharfer Senf*
1 TL	*Majoran*
	Mehl zum Bestäuben
3 EL	*Öl zum Braten*

ZUTATEN FÜR DIE SAUCE

150 g	*Gemüse, gewürfelt (Lauch, Zwiebeln, Karotte, Sellerie)*
1 EL	*Tomatenmark*
50 g	*Mehl*
125 ml	*Weißwein*
500 ml	*Brühe*
100 ml	*Essiggurkensud*
1	*Lorbeerblatt*
2	*Nelken*
5	*Wacholderbeeren*
100 ml	*Sahne*
100 g	*Essiggurkenstreifen*

UND SO WIRD'S ZUBEREITET

Die Rindsrouladen flach klopfen, salzen und pfeffern.

Zwiebeln, Karotten in etwas Öl glasig anschwitzen. Die Pfanne beiseite ziehen, Gurken, Senf und Majoran hinzufügen.

Die Füllung auf den Rindsrouladen in der Mitte verteilen. Diese einschlagen, fest zubinden oder zustecken. Die Rouladen in Mehl wenden und in heißem Öl von allen Seiten hell anbraten; herausnehmen.

Die Gemüsewürfel in den Bratensatz streuen, mit Tomatenmark durchrösten und mit etwas Mehl bestäuben. Mit Weißwein ablöschen und mit Brühe und Essiggurkensud aufgießen. Die Gewürze beigeben. Die Rouladen einlegen und bei mittlerer Hitze etwa 1 bis 1 1/2 Stunden schmoren lassen.

Die Rouladen herausnehmen und warm stellen. Die Sauce durch ein Sieb passieren und auf etwa 500 ml einkochen lassen. Mit Sahne und Gurkenstreifen verfeinern. Nochmals aufkochen lassen und nach Bedarf nachwürzen.

Dazu passen ein Apfel-Kartoffelpüree, Rezept auf Seite 124, und frische Salate.

JUNGE LAMMSCHULTER MIT PFEFFERMINZBUTTER GEFÜLLT

ZUTATEN

1	junge Lammschulter von ca. 4 kg, vom Metzger auslösen lassen
	Salz und Pfeffer
1 Bund	Pfefferminze, die Blättchen abgezupft
1 Bund	Zitronenmelisse, die Blättchen abgezupft
250 g	kalte Kräuterbutter mit Knoblauch
1	Schweinenetz (beim Metzger vorbestellen)
50 g	Butterschmalz
300 ml	Bratensauce vom Lamm
2	Zwiebeln, geschält und in breite Streifen geschnitten
125 ml	Brühe

UND SO WIRD'S ZUBEREITET

Den Ofen auf 180°C vorheizen.

Die Lammschulter leicht klopfen, salzen, pfeffern und mit Pfefferminz- und Melisseblättchen auf der Innenseite belegen. Die Kräuterbutter darauf verteilen und das Fleischstück zusammenrollen. Anschließend in das Schweinenetz legen, aufrollen und zusätzlich mit Küchengarn gut verschließen.

In einem entsprechenden Bräter das Butterschmalz zerlaufen lassen und die Zwiebeln einstreuen. Die Lammschulter darauf setzen und in den Ofen schieben. Nach etwa 10 Minuten die Hitze auf 150°C reduzieren und weitere 40 bis 60 Minuten fertig garen.

Ab und zu mit etwas Brühe übergießen. Die fast gare Schulter (sollte innen noch rosa sein) aus dem Bräter nehmen und an einem warmen Ort mindestens 20 Minuten zugedeckt ruhen lassen. In der Zwischenzeit die Sauce zubereiten: Die Bratensauce in den Bräter gießen und kurz aufkochen lassen. Die Zwiebeln schmecken wunderbar, weil sie nun den ganzen Fleischgeschmack enthalten. Die Lammschulter vorsichtig portionieren und auf der Zwiebelsauce anrichten.

Dazu empfehle ich Kohlrabigmias, Rezept auf Seite 134, und Kartoffel-Topfennockerl, Rezept auf Seite 131.

Die Schulter bekommt ihr Aroma von innen her durch die Kräuter und die Butter. Darauf achten, daß das Schweinenetz gut verschließt, damit beim Braten nichts auslaufen kann.

Diese Zubereitungsart eignet sich wunderbar auch für ein Ziegenkitz.

Falls von der Lammschulter etwas übrig bleiben sollte (was ich nicht glaube), so lassen sich die Stücke sehr gut panieren und in Butterschmalz ausbacken.

Kutteln mit Tomaten und Kümmel

ZUTATEN

600 g	Rinds- oder Kalbskutteln, weichgekocht (beim Metzger vorbestellen)
2	Zwiebeln, geschält und fein gewürfelt
2	Knoblauchzehen, geschält und fein gewürfelt
50 ml	Olivenöl
	Salz und frisch gemahlener Pfeffer
	etwas Feinwürzmittel
1 EL	Kümmel
1 EL	Tomatenmark
250 ml	trockener Weißwein
125 ml	Brühe
600 g	Tomaten, gehäutet, entkernt und gewürfelt oder 1 Dose geschälte Tomaten
1 Prise	Zucker

UND SO WIRD'S ZUBEREITET

Die Kutteln in möglichst feine nudelartige Streifen schneiden. In heißem Olivenöl die Zwiebel- und Knoblauchwürfel zusammen mit den Kuttelstreifen andünsten. Salzen, pfeffern, Kümmel und Tomatenmark hinzufügen. Nach einigen Minuten mit Weißwein ablöschen und mit Brühe aufgießen.

Die Tomatenwürfel einrühren und das Ganze etwa 15 Minuten köcheln lassen.

Kurz vor dem Servieren mit Salz, Pfeffer, Feinwürzmittel sowie einer kräftigen Prise Zucker nochmals abschmecken.

Dazu schmeckt am besten grüner Salat und Kartoffel-Apfelpüree, Rezept auf Seite 124.

Eines meiner Lieblingsrezepte!

Zu bestimmten Jahreszeiten ist es sicherlich besser die Tomaten aus der Dose zu verwenden. In diesem Fall brauchen Sie keine Brühe dazu und auch kein Tomatenmark.

Wild und Geflügel

Hasenpfeffer mit Hollergelee

Gefüllte Entenbrust mit Steinpilzen

Perlhuhnbrüstchen auf Zitronenrahmnudeln

Fasanenbrüsterl mit Kastanienpüree

Hirschrücken auf Glühweinzwiebeln

Rehnüsschen auf Sahnereherl

Kaninchenfilet in der Reherl-Mandel-Panade

Gamsschnitzel mit Enziansauce

Eingemachtes Kaninchen wie bei meiner Mama

Marinierte Truthahnsteaks
mit Aprikosen-Zwiebelragout

Rehfilet und Rehfleischpfanzel

Rehrücken mit Lebkuchenkruste

HASENPFEFFER MIT HOLLERGELEE

ZUTATEN FÜR DIE BEIZE

2	Karotten, geschabt und klein geschnitten
1	Zwiebel, geschält und etwas zerkleinert
100 g	Sellerie, geschält und klein geschnitten
1	Stange Lauch, gewaschen und in Ringe geschnitten
125 ml	Rotweinessig
250 ml	Rotwein
750 ml	Wasser
1 TL	Wacholderbeeren
3 bis 4	Nelken
2	Lorbeerblätter
1 TL	Rosmarin, gerebelt
1 TL	Thymian, gerebelt

ZUTATEN FÜR DEN HASENPFEFFER

2 kg	Hasenfleisch mit Knochen (am besten Keulen oder Schäuferl)
150 g	geräucherter Speck, gewürfelt
1	Zwiebel, geschält und grob gewürfelt
1 EL	Fett
	Salz und Pfeffer
1 EL	Mehl
50 ml	Wacholderschnaps (Gin)
125 ml	Rotwein
100 g	Hollergelee
	frisches Schweine- oder noch besser Hasenblut
100 ml	saure Sahne
50 g	Créme fraîche

UND SO WIRD'S ZUBEREITET

Das vorbereitete Gemüse in einen großen Topf legen und mit Rotweinessig, Rotwein und Wasser aufgießen. Die Gewürze beimischen und die Beizflüssigkeit einmal aufkochen.

Das Hasenfleisch mit Knochen in Portionsstücke schneiden und in die lauwarme Beize legen, abdecken und für mindestens 1 Tag stehen lassen.

Das Fleisch aus der Beize nehmen und leicht trockentupfen. Beize passieren. Gemüse und Gewürze auffangen, Flüssigkeit zum Auffüllen bereit stellen. In einem größeren Topf das Fett erhitzen und darin die Speck- und Zwiebelwürfel kurz andünsten. Das Hasenfleisch salzen, pfeffern, einlegen und von allen Seiten anbraten. Aufgefangene Gemüse und Gewürze kurz mitbraten. Unter ständigem Rühren mit Mehl bestäuben und kurz darauf mit Wacholderschnaps ablöschen sowie mit Rotwein aufgießen. Mit soviel Beizflüssigkeit auffüllen, daß das Hasenfleisch bedeckt ist. Den Topf mit einem Deckel versehen und den Hasenpfeffer bei zurückgedrehter Hitze etwa 1 bis 1 1/2 Stunden schmoren lassen.

Das gegarte Hasenfleisch aus der Sauce nehmen und abgedeckt warm stellen. Die Sauce durch ein Sieb passieren und erneut erhitzen. Das Schweineblut zur Bindung vorsichtig einrühren; gegebenenfalls nochmals nachwürzen. Mit etwas Hollergelee sowie mit saurer Sahne verfeinern. Das Hasenfleisch mit Bratensaft unter die Sauce mischen und in einer großen Porzellanschüssel servieren. Über jede Portion einen Löffel Crème fraîche und noch etwas Hollergelee geben.

Dazu Omas Teigknödel, Rezept auf Seite 133, servieren.

Blut bindet sehr schnell und sehr stark, danach nicht mehr kochen!

Das Rezept für den Hasenpfeffer ist genauso für andere Wildfleischsorten zu verwenden. Nach Belieben Holundergelee durch Preiselbeeren ersetzen.

Das Ganze hängt natürlich von Größe und Alter der Tiere ab, je nachdem braucht's dann auch mehr Flüssigkeit beim Schmoren.

Bei besonders zarten, jungen Tieren mit nur sehr leichtem Wildgeschmack sollten Sie auf's Beizen verzichten. Verwenden Sie dann zum Aufgießen Brühe, Wein oder Wildgrundsauce.

Gefüllte Entenbrust mit Steinpilzen

ZUTATEN

4	Entenbrüste à 200 g
2	Schalotten, geschält und fein gehackt
250 g	frische Steinpilze, geputzt und klein geschnitten
2 EL	Walnußöl
	Salz und Pfeffer
	Knoblauch, fein gewürfelt
2 EL	Petersilie, gehackt
25 g	Pumpernickel, gebröselt
3	Eidotter
4	Holzspießchen
	Fett zum Braten
1 Spritzer	Essig
300 ml	Geflügelgrundsauce, Rezept auf Seite 172
50 g	kalte Butter

UND SO WIRD'S ZUBEREITET

Den Ofen auf 200°C vorheizen.

Die Entenbrüste von Sehnen befreien. Am dicken Ende der Brüste ca. 2 cm breite und 8 cm tiefe Taschen einschneiden. Salzen und pfeffern.

Die Schalottenwürfel und die Steinpilze in Walnußöl anbraten. Salzen, pfeffern sowie mit Knoblauch würzen. Den Pfanneninhalt leicht abkühlen lassen und mit der Petersilie, den Pumpernickelbröseln und den Eidottern vermengen. Die Masse mit einer dicken Spritztülle in die Fleischtaschen einfüllen und mit Holzspießchen fest zustecken.

Die Entenbrüste in einer Pfanne mit reichlich Fett von beiden Seiten anbraten und dann mit der Hautseite nach unten in den Ofen schieben und 8 bis 10 Minuten rosa braten.

Die Entenbrüste aus der Pfanne nehmen und an einem warmen Ort mit der Hautseite nach unten mindestens 10 Minuten ruhen lassen.

Überflüssiges Bratfett aus der Pfanne abgießen, mit einem Spritzer Essig den Pfannensatz ablöschen und mit der Geflügelgrundsauce verkochen. Die Sauce mit einem Stück kalter Butter binden und passieren; nochmals abschmecken.

Die Entenbrüste mit einem scharfen Messer quer zur Faser in vier oder fünf Scheiben schneiden und auf der Sauce anrichten.

Als Beilage empfehle ich Kartoffel-Topfennockerl, Rezept auf Seite 131, Mangold wie auf dem Foto, oder ein Kartoffel-Apfel-Püree, Rezept auf Seite 124.

Gebratenes Fleisch sollte und muß grundsätzlich ruhen! Nur so kann der Fleischsaft, der sich beim Braten meist an einem Punkt gesammelt hat, wieder im gesamten Bratenstück verteilen.

PERLHUHNBRÜSTCHEN AUF ZITRONENRAHMNUDELN

ZUTATEN

4	Perlhuhnbrüstchen à 160 g
	Salz und Pfeffer
	Fett zum Braten
80 g	Butter
1	Zwiebel, geschält und fein gehackt
1 Schuß	Weißwein
500 ml	Sahne
	Saft und abgeriebene Schale 1 Zitrone
1 Prise	Zucker
160 g	Bandnudeln, gekocht
300 g	Gemüsestreifen (Kohlrabi, Karotten, Zucchini), knackig gegart

UND SO WIRD'S ZUBEREITET

Den Ofen auf 200°C vorheizen.

Die Perlhuhnbrüstchen salzen und pfeffern. Mit etwas Fett in eine Pfanne setzen und in den Ofen schieben. Die Brüstchen nach etwa 12 Minuten aus dem Backrohr nehmen und warm stellen. Einen Teil Butter in die Pfanne gleiten lassen und darin die Zwiebelwürfel glasig andünsten. Mit einem Schuß Weißwein ablöschen und mit Sahne aufgießen. Das Ganze bei starker Hitze auf die Hälfte einkochen lassen.

Zitronenschale und den -saft in die Sauce geben. Mit Salz, Pfeffer und etwas Zucker abschmecken und die Sauce mit dem Mixstab sämig rühren.

Die Bandnudeln sowie die Gemüsestreifen in der restlichen Butter schwenken. Die Gemüsenudeln auf vorgewärmte Teller verteilen und mit Zitronensauce überziehen. Die Perlhuhnbrüstchen obenauf setzen.

Mit der Zitronenschale nicht sparsam umgehen, denn genau darin steckt der ganze Geschmack.

Fasanenbrüsterl mit Kastanienpüree

ZUTATEN

300 g	Kastanien, geschält
60 g	Sellerie, geschält und gehackt
250 ml	Milch
125 ml	Sahne
40 g	Zucker
1 Schuß	Kirschwasser
4	Fasanenbrüstchen
	Salz und frisch gemahlener Pfeffer
	Öl zum Braten
1 Schuß	Essig
1 Schuß	Weißwein
100 ml	Geflügel- oder Wildsauce (Rezept auf den Seiten 172/173; ersatzweise fertiger Fond)
60 g	kalte Butterwürfel
	Thymian

UND SO WIRD'S ZUBEREITET

Die Kastanien zusammen mit den Selleriewürfeln in ein Milch-Sahne-Gemisch legen. Mit Zucker verrühren und in etwa 25 Minuten abgedeckt weich kochen lassen. Im Küchenmixer zu einem feinen Püree verarbeiten, mit Kirschwasser verfeinern und bis zum Gebrauch warm stellen.

Den Ofen auf 160°C vorheizen.

Die Fasanenbrüstchen würzen und in Öl in etwa 10 bis 12 Minuten mit der Hautseite nach unten anbraten. In den Ofen schieben und langsam fertig braten. Die gegarten Brüstchen aus der Pfanne nehmen, in Folie wickeln und warm stellen.

Den Bratensatz mit einem Schuß Essig und einem Schuß Weißwein ablöschen. Die Wildsauce zugießen und durchkochen. Zuletzt die kalten Butterwürfel unterrühren und nicht mehr kochen lassen. Die Sauce abschmecken und durch ein Sieb passieren. Etwas Thymian beigeben.

Vorgewärmte Teller mit einem Saucenspiegel versehen und die Fasanenbrüsterl darauf setzen. Das Kastanienpüree mit Löffeln zu Nockerl formen oder in eine Spritztüte füllen und aufspritzen. Dazu passen hervorragend Sauerkrautdatschis.

Fasanenfleisch ist bekanntlich sehr trocken. Aus diesem Grund sollte das Fleisch langsam und feucht gebraten werden – keinesfalls zu lange braten.

Es gibt zwar heutzutage gezüchtete Fasane, die zarter und saftiger sind, jedoch meist den typischen Geschmack vermissen lassen.

Hirschrücken auf Glühweinzwiebeln

ZUTATEN

2	rote Zwiebeln, geschält und in dicke Streifen geschnitten
500 ml	Glühwein
1 EL	Zucker
1	Lorbeerblatt
1,5 kg	Hirschrücken
	Öl zum Braten
300 g	Röstgemüse (Lauch, Sellerie, Zwiebel, Karotte)
1 EL	Tomatenmark
1/2	Orange, geschält und gewürfelt
1	Apfel, geschält und gewürfelt
1 l	kräftige Brühe
	Salz und Pfeffer
150 ml	Sahne
1 EL	Preiselbeeren
50 g	Butter

UND SO WIRD'S ZUBEREITET

Die Zwiebeln mit dem Glühwein, dem Zucker sowie dem Lorbeerblatt vermengen und solange kochen, bis die Flüssigkeit fast ganz verdampft ist.

Den Hirschrücken auslösen, das Fleisch von Häuten und Sehnen befreien. Die Knochen klein hacken und in Öl zusammen mit den Gemüsewürfeln kräftig anbraten. Das Tomatenmark unter kräftigem Rühren mitrösten. Die Orangen- und Apfelwürfel beigeben. Das Ganze mit Brühe auffüllen, salzen und pfeffern. Etwa 2 Stunden köcheln lassen, dabei öfters abschäumen und nach Bedarf noch etwas Flüssigkeit nachgießen.

Den Ofen auf 200°C vorheizen.

Die Sauce durch ein Sieb passieren und auf 250 ml einkochen lassen. Mit Sahne, Preiselbeeren und Butter verfeinern.

Das ausgelöste Hirschrückenfleisch salzen, pfeffern und im Ofen in einer Pfanne in etwa 15 bis 20 Minuten rosa braten. Aus der Pfanne nehmen und an einem warmen Ort 10 bis 15 Minuten ruhen lassen.

Das Fleisch aufschneiden und zusammen mit der Sauce auf den Glühweinzwiebeln anrichten.

Dazu passen "Grüne Knödel", Rezept auf Seite 145 (siehe Foto) und Blaukraut.
Die "süßen Zwiebeln" schmecken auch zu anderen Wild-, Geflügel- oder Schweinefleischgerichten.

REHNÜSSCHEN AUF SAHNEREHERL

ZUTATEN

500 g	Rehnuß oder ausgelöstes Rückenfilet
	Salz und frisch gemahlener Pfeffer
	Öl zum Braten
100 g	Butter
1	Zwiebel, geschält und fein gewürfelt
2	Knoblauchzehen, geschält und fein gewürfelt
400 g	Reherl, geputzt
400 ml	Sahne
100 ml	Wildsauce (Rezept auf Seite 173; ersatzweise fertiger Fond)
1 Bund	Petersilie, gehackt
1 Schuß	Weißwein

UND SO WIRD'S ZUBEREITET

Die Rehnuß oder das Rehrückenfilet in etwa 60 g schwere Medaillons schneiden. Mit der Hand leicht flach drücken, salzen und pfeffern. In nicht zu heißem Öl auf jeder Seite etwa 2 Minuten braten. Aus der Pfanne nehmen und warm stellen.

In die gleiche Pfanne die Hälfte der Butter geben und darin die Zwiebel- und Knoblauchwürfel kurz andünsten. Die Reherl einstreuen, kurz durchschwenken und sobald die Pilze anfangen Wasser zu ziehen, herausnehmen und auf ein Sieb geben; dabei den Saft auffangen. Die Sahne, die Wildgrundsauce sowie den aufgefangenen Pilzsaft in die Pfanne gießen und auf die Hälfte einkochen lassen. Die restliche Butter zugeben und mit dem Mixstab glatt rühren. Die Reherl salzen, pfeffern und in die Sauce geben. Zum Schluß die Reherlsahne mit gehackter Petersilie und Weißwein verfeinern.

Den ausgetretenen Fleischsaft der Rehnüßchen unter die Sauce mischen und auf dieser anrichten.

Dazu passen kleine Semmelknödelchen oder gleich ein großer "Brezngugelhupf", Rezept auf Seite 126.

Reherl sollten immer nur kurz, aber scharf gebraten werden, so bleiben sie aromatisch und bißfest.

KANINCHENFILET IN REHERL-MANDEL-PANADE

ZUTATEN

4	Kaninchenfilets à 100 g
1	Zwiebel, geschält und fein gewürfelt
2	Knoblauchzehen, geschält und gehackt
6 EL	Öl
	Salz und frisch gemahlener Pfeffer
50 g	Mehl
2	Eier, verquirlt
250 g	Reherl, geputzt und grob gehackt
60 g	Mandeln, gehobelt
50 g	Butter
1 Bund	Petersilie, gehackt

UND SO WIRD'S ZUBEREITET

Die Kaninchenfilets von der Silberhaut befreien. Die Zwiebel- und Knoblauchwürfel in heißem Öl glasig anschwitzen. Die rohen, grob gehackten Reherl mit dem Pfanneninhalt und den Mandeln vermengen.

Die Kaninchenfilets salzen und pfeffern. In Mehl wenden und durch die Eier ziehen. Zuletzt mit der Reherl-Mandelmischung panieren; fest andrücken. Die panierten Kaninchenfilets abdecken und für 30 Minuten in den Kühlschrank stellen.

In einer größeren Pfanne Öl und Butter erhitzen. Die Fleischstücke darin langsam und schonend von allen Seiten anbacken. Zuletzt die Petersilie darüberstreuen.

Das zarte, fein würzige Kaninchenfleisch ergänzt sich wunderbar mit den Reherln und den Mandeln. Außerdem bleibt das Kaninchenfilet durch die Panade schön saftig und die Reherl bekommen genügend Röststoffe beim Ausbacken.

Dazu empfehle ich Ihnen ein saftiges Sekt-Graupen-Risotto, siehe Rezept auf Seite 135, oder auch Bratkartoffeln mit viel Petersilie und einem Löffel Sauerrahm sowie einem schönen Blattsalat.

Gamsschnitzel mit Enziansauce

ZUTATEN

4	dicke Gamsschnitzel à 180 g, abgespült und trockengetupft
	grob zerstoßener Pfeffer
4 EL	Walnußöl
	Salz
50 ml	Enzianschnaps
200 ml	Wildsauce (siehe Rezept auf Seite 173; ersatzweise fertiger Fond)
1 EL	Johannisbeergelee

UND SO WIRD'S ZUBEREITET

Die Gamsschnitzel mit zerstoßenem Pfeffer einreiben. In heißem Walnußöl von beiden Seiten anbraten, die Hitze zurückdrehen und fertig braten. Herausnehmen, leicht salzen und warm stellen.

Den Bratensatz mit Enzian ablöschen. Die Wildsauce eingießen und einige Minuten köcheln lassen. Nach Bedarf salzen, pfeffern und mit Johannisbeergelee verfeinern.

Die Gamsschnitzel auf vorgewärmten Tellern verteilen und mit der Sauce überziehen.

Nach Belieben mit erwärmtem Enzian übergießen und flambieren.

Dazu passen besonders gut seidene Preiselbeerknödel, Rezept auf Seite 129 oder, wie auf dem Foto, Hollerspätzle, Rezept auf Seite 120, und Kastanienkrautwickerl, Rezept auf Seite 121. Noch ein Tip für den Einkauf – lassen Sie sich im Fachgeschäft gut beraten, denn das Fleisch sollte sehr gut abgehangen sein.

EINGEMACHTES KANINCHEN WIE BEI MEINER MAMA

ZUTATEN

1	Kaninchen von 1,5 bis 2 kg oder 4 bis 5 Kaninchenkeulen
1	Karotte, geschabt und grob gewürfelt
1/2	Stange Lauch, gewaschen und grob geschnitten
1	Zwiebel, geschält und grob zerkleinert
100 g	Sellerieknolle, geschält und grob geschnitten
50 g	Petersilienwurzel, geschält und grob geschnitten
1	Lorbeerblatt
1	Nelke
1/2 TL	weiße Pfefferkörner
60 g	Butter
30 g	Mehl
200 ml	Sahne
250 ml	Weißwein
	Salz und Pfeffer
1 Prise	Zucker
	etwas frischer Basilikum
	etwas frischer Liebstöckel
	Saft von 1/2 Zitrone
1/2 TL	Kapern, gehackt
100 ml	Sahne, geschlagen

UND SO WIRD'S ZUBEREITET

Einen Topf mit 2 l Wasser zum Kochen aufstellen. Nach dem ersten Aufkochen das zerteilte Kaninchen zusammen mit dem vorbereiteten Gemüse in den Topf geben. Die Geschmackszutaten und einen Schuß Weißwein hinzufügen. Bei leiser Hitze etwa 1 Stunde gar köcheln.

Das gegarte Fleisch aus dem Sud nehmen und zugedeckt beiseite stellen. Die Kochflüssigkeit durch ein Sieb gießen und auf ca. 500 ml einkochen.

Aus Butter und Mehl eine helle Einbrenne herstellen. Mit passiertem Sud, Sahne sowie dem restlichen Weißwein aufgießen und unter ständigem Rühren einige Minuten durchkochen lassen. Mit Salz, Pfeffer, Zucker, frischem Basilikum, Liebstöckl, Zitronensaft und den gehackten Kapern abschmecken.

Das Kaninchenfleisch zum Erwärmen in die Sauce legen. Zuletzt die geschlagene Sahne unterheben und in einem großen Gefäß auf den Tisch bringen.

Bei meiner Mutter gibt's dazu immer Kartoffelbrei, mit geriebenem Apfel vermischt, dann wird es noch raffinierter.

MARINIERTE TRUTHAHNSTEAKS MIT APRIKOSEN-ZWIEBELRAGOUT

ZUTATEN FÜR DIE MARINADE

1	Zwiebel, geschält und in Streifen geschnitten
2 EL	Öl
2	Knoblauchzehen, geschält und fein gehackt
200 g	Tomatenketchup
2 EL	Sojasauce
	etwas Cayennepfeffer
140 g	Aprikosenmarmelade
2 EL	Essig
1 bis 2 TL	Currypulver
	Pfeffer
4	Truthahnbruststeaks à 160 g
	Salz

ZUTATEN FÜR DIE GARNITUR

2	kleine Zwiebeln, geschält und in Streifen geschnitten
6	Aprikosen, entsteint und geviertelt (oder aus der Dose)
2 bis 3 EL	Zucker
3 EL	Bratensauce (siehe Rezept auf Seite 170; ersatzweise fertiger Fond)
	Fett zum Braten

UND SO WIRD'S ZUBEREITET

Die Zwiebeln in zwei Eßlöffeln Öl anbraten. Herausnehmen und mit den restlichen Zutaten zu einer Marinade verrühren. Die Truthahnsteaks über Nacht in die Marinade legen. Am nächsten Tag herausnehmen, leicht abstreifen und in heißem Fett von beiden Seiten braten. Salzen und warm stellen.

Die Zwiebelstreifen in heißem Fett andünsten und nach einigen Minuten die Aprikosenviertel hinzufügen. Leicht salzen, das Ganze mit Zucker glasieren und die Truthahnsteaks damit garnieren. Die Bratensauce mit der restlichen Marinade erhitzen und über die Truthahnsteaks träufeln.

Dazu passen Folienkartoffeln, Reis, frische Salate oder nur frisches Brot.

Diese Marinade läßt sich hervorragend für allerlei Fleischsorten zum Grillen verwenden. Ein typisches Sommergericht!

Rehfilet und Rehfleischpfanzel

ZUTATEN FÜR 6 PERSONEN

1	Rehrücken von ca. 1,8 kg
400 g	Fleischabschnitte aus dem Rehrücken, grob gewürfelt
70 g	grüner Speck
1	altbackene Semmel, halbiert und in dünne Scheiben geschnitten
4 EL	Milch
2	Schalotten, geschält und gewürfelt
100 g	Butter
	Salz und Pfeffer
50 ml	Rotwein
1 EL	Weinbrand
1 TL	Senf
1 TL	Meerrettich
1 TL	Preiselbeeren
3	Wacholderbeeren, zerdrückt
	Thymian
1	Ei
150 ml	Sahne

UND SO WIRD'S ZUBEREITET

Den Rehrücken auslösen und die Rehfilets kalt stellen. Die Knochen zerhacken und eine Grundsauce für Wild (Rezept auf Seite 173) herstellen. Den Ofen auf 200°C vorheizen. Für die Rehpfanzel die Fleischabschnitte zusammen mit dem fetten Speck durch die 2 mm dicke Scheibe des Fleischwolfs drehen.

Die Semmelscheiben mit lauwarmer Milch beträufeln. Die Schalotten in ca. 20 g Butter glasig dünsten. Das Rehhackfleisch mit oben genannten Zutaten - vom Salz bis zum Thymian – pikant würzen. Zuletzt die eingeweichte Semmel, das Ei und die abgekühlten Schalottenwürfel untermengen. Kleine Pfanzel formen und diese in etwas Butter von beiden Seiten langsam braten lassen.

Die Rehfilets von allen Seiten anbraten und im Ofen noch 8 bis 10 Minuten garen. Herausnehmen und an einem warmen Ort zugedeckt 5 Minuten ruhen lassen. Den Bratensatz mit einem Schuß Rotwein ablöschen und mit der fertigen Wildsauce verkochen. Mit Sahne verfeinern und durch ein Sieb passieren. Zuletzt mit einem Mixstab die Butter einrühren.

Das Rehfilet in dünne Scheiben schneiden und mit den Pfanzeln sowie der Sauce servieren.

Dazu passen wunderbar Speckrosenkohl, Schwammerl, Rezept auf Seite 144, Hollerspätzle, Rezept auf Seite 120, und, und, und...

Bei den Rehpfanzeln sollten Sie unbedingt für den Geschmack und die Konsistenz ein Probepfanzel herstellen. Ist es zu fest, dann geben Sie etwas Sahne hinzu. Ist es zu locker, dann etwas Semmelbrösel untermengen.

REHRÜCKEN MIT LEBKUCHENKRUSTE

ZUTATEN

120 g	Butter
70 g	Lebkuchen, gerieben
30 g	Walnüsse, gerieben
1 Msp	Lebkuchengewürz
	geriebene Schale einer 1/2 Orange
	frisch gemahlener Pfeffer
1	Spritzer Zitronensaft
1	Rehrücken von 1,6 bis 2 kg
	Salz
	einige Wacholderbeeren, zerdrückt
	Öl zum Braten
2	Zwiebeln, geschält und grob gewürfelt
2 EL	Honig
1 Schuß	Rotwein
1 Spritzer	Essig
500 ml	Wildsauce (siehe Rezept auf Seite 173; ersatzweise fertigen Fond)
100 ml	Sahne

UND SO WIRD'S ZUBEREITET

Den Ofen auf 230°C vorheizen. Für die Lebkuchenkruste die Butter schaumig schlagen und alle Zutaten – einschließlich Zitronensaft – untermengen.

Den Rehrücken von Häuten und Sehnen befreien, am Knochen etwas einschneiden, sowie mit den Gewürzen und dem Öl einreiben. Den Boden des Bräters mit den Zwiebelwürfeln auslegen. Den Rehrücken darauf setzen und in den Ofen schieben. Den Rehrücken nach etwa 8 Minuten herausnehmen. Zuerst mit Honig einstreichen, dann mit der Lebkuchenmasse überziehen. Erneut für etwa 8 Minuten bei 230°C in den Ofen schieben. Sobald die Kruste schön braun ist – das Fleisch aber noch rosa, den Rehrücken herausnehmen und warm stellen.

Die Bratreine auf den Ofen stellen und den Bratensatz mit Rotwein sowie mit Essig loskochen. Die Wildsauce zugießen und das Ganze etwa 5 Minuten köcheln lassen. Die Sauce durch ein Sieb passieren und mit Sahne verfeinern. Nochmals abschmecken und die Sauce mit dem Mixstab aufschäumen.

Den Rehrücken am Tisch tranchieren, aber mit Vorsicht in Bezug auf die Lebkuchenkruste. Dazu passen Blaukraut, Kastanienkrautwickerl (Rezept auf Seite 121) und Grünwalder Ritterzipfe (Rezept auf Seite 128). Oder ein schönes Kartoffel-Birnen Gratin (Rezept auf Seite 132).

Sollte Ihnen der Aufwand mit dem ganzen Rehrücken zu groß sein, so besteht die Möglichkeit Rehmedaillons, ausgelöst und geschnitten vom Rücken, mit der Lebkuchenmasse zu überbacken. Eine tolle Sache für festliche Tage.

Was es so dazu gibt

Hollerspätzle

Kastanien-Krautwickerl

Marzipanbratapfel

Markknöderl

Kartoffel-Apfel-Püree

Wirsinggmias

Brezngugelhupf

Grünwalder Ritterzipfe

Seidene Preiselbeerknödel

Blaukraut mit Zimt und Orangen

Kartoffel-Quark-Nockerl

Kartoffel-Birnen-Gratin

Omas Teigknödel

Kohlrabigmias

Sekt-Graupen-Risotto

Zum Bild links: Neben dem Chefkoch hat die gesamte Küchenbrigade wesentlichen Anteil am Gelingen der Gerichte.

Hollerspätzle

ZUTATEN

500 g	Mehl
80 g	Grieß
5	Eier
	Salz
	Muskatnuß, frisch gerieben
1 Prise	Thymian
200 ml	ungezuckerter Holundersaft
100 ml	Wasser
60 g	Butter

UND SO WIRD'S ZUBEREITET

Das Mehl und den Grieß in eine Schüssel sieben. Die Eier einschlagen, sowie Salz, Muskat, Thymian, etwa 3/4 des Hollundersaftes und des Wassers hinzufügen. Mit Hilfe eines elektrischen Rührgeräts einen geschmeidigen, glatten Spätzleteig herstellen.

Einen Topf mit genügend Salzwasser zum Kochen aufstellen. Sobald das Wasser aufkocht, den Teig portionsweise durch einen Hobel oder vom Brett in das siedende Wasser schaben. Die Spätzle sind fertig, wenn sie an der Oberfläche des Wassers auftauchen. Aus dem Wasser nehmen und in kaltem Wasser abschrecken. Anschließend in einem Sieb gründlich abtropfen lassen.

In einer größeren Pfanne Butter erhitzen und darin die Spätzle portionsweise heiß schwenken. Zuletzt den restlichen Hollundersaft dazugießen (so erhalten sie wieder eine violette Farbe) und leicht mit Salz und Pfeffer nachwürzen.

Ein Spätzleteig kann vielseitig geschmacklich verändert werden. Wie wär's mit geriebenen Nüssen, Spinat, Kräutern oder vielleicht mit Blaubeersaft?

Eine raffinierte Beilage zu kräftigen Wild- oder Rindfleischgerichten.

Falls Sie über keinen selbst hergestellten Hollundersaft verfügen, so bekommen Sie diesen im Reformhaus oder in der Apotheke.

Kastanien-Krautwickerl

ZUTATEN

400 g	*Kastanien (Maronen), geschält*
100 g	*Sellerie, geschält und grob geschnitten*
500 ml	*Milch*
250 ml	*Sahne*
50 g	*Zucker*
1	*Ei*
	etwas Kirschwasser
1	*Wirsing- oder Blaukrautkopf*
50 g	*Mehl*

UND SO WIRD'S ZUBEREITET

Etwa 100 g Kastanien grob hacken und bis zum Gebrauch beiseite stellen.

Die restlichen Kastanien und den Sellerie in Milch und Sahne mit dem Zucker in etwa 25 Minuten weich kochen, bis noch 1/4 der Flüssigkeit übrig ist. Noch warm in der Küchenmaschine pürieren. Das Ei zugeben und mit Kirschwasser parfümieren.

Vom Kraut den Strunk entfernen und im Ganzen in reichlich Wasser blanchieren. Sobald sich die Blätter lösen, diese einzeln abnehmen, abtrocknen und auf einem Tuch zu einer Gesamtfläche von etwa 40 x 25 cm auslegen. Mit Mehl bestäuben und die pürierte Masse daraufstreichen. Die gehackten Kastanien darüberstreuen und mit dem Tuch zu einer Schnecke aufrollen. An den Enden mit Küchengarn zusammenbinden und in Salzwasser auf dem Siedepunkt etwa 20 bis 25 Minuten garen. Vor dem Anschneiden noch 10 Minuten an einem warmen Ort ruhen lassen.

Blaukraut muß länger blanchiert werden als Wirsing.
Eine feine originelle Beilage zu Wild- und Geflügelgerichten.
Läßt sich auch gut vorbereiten und in der Mikrowelle erwärmen.

MARZIPANBRATAPFEL

ZUTATEN FÜR DIE FÜLLUNG

30 g	Rosinen
2 EL	Rum
70 g	Butter
100 g	süße Biskuit- oder Kuchenbrösel
20 g	Zitronat und Orangeat, gewürfelt
1 EL	Zucker
1/2 TL	Zimt
60 g	Marzipan

ZUTATEN FÜR DEN BRATAPFEL

4	mittelgroße Äpfel, z.B. Jonathan
	Butter für die Form
125 ml	Apfelsaft

UND SO WIRD'S ZUBEREITET

Die Rosinen mit Rum beträufeln. Die Biskuitbröseln in Butter hell rösten. Nach und nach unter ständigem Rühren alle Zutaten hinzufügen.

Ofen auf 180°C vorheizen.

Von den Äpfeln an der Stielseite etwa 1 cm dicke Scheiben abschneiden. Die Kerngehäuse großzügig entfernen und die ausgehöhlten Äpfel mit der Marzipanmasse füllen; die Deckel wieder aufsetzen. Eine feuerfeste Form ausbuttern, die gefüllten Äpfel einsetzen und den Apfelsaft eingießen. Zusätzlich Butterflocken auf die Äpfel legen. Im vorgeheizten Ofen bei mittlerer Hitze etwa 30 Minuten garen lassen.

Eine prima Beilage zu Ente, Gans oder Wildgerichten. Schmeckt aber auch prima als Dessert mit einer Vanillesauce oder einem Calvados-Sabayon.

MARKKNÖDERL

ZUTATEN

100 g	ausgelassenes Rindermark
2	Eier
100 g	Weißbrot, gerieben
	Salz und Pfeffer
	Muskat
1 1/2 l	Rinderbrühe

UND SO WIRD'S ZUBEREITET

Alle Zutaten miteinander vermengen und für etwa 1 Stunde kalt stellen.

Kleine, etwa 30 g schwere Knödel formen. In die Brühe legen, einmal aufkochen lassen und in 30 bis 40 Minuten fertig garen.

Das ausgelassene Rindermark, das Weißbrot und die Eier gut miteinander vermengen und mit Salz, Pfeffer und Muskat abschmecken. Etwa 30 g schwere (kleine) Knödel formen und diese für etwa 30 Minuten kalt stellen. Anschließend in die kochende Rinderbrühe geben, einmal aufkochen und 40 bis 50 Minuten gar ziehen lassen.

Markknöderl eignen sich nicht nur als Suppeneinlage, sondern sind auch eine interessante Beilage zu mageren Fleischgerichten. Die Zubereitung ist denkbar einfach...

KARTOFFEL-APFEL-PÜREE

ZUTATEN

800 g	Kartoffeln, geschält und zerkleinert
300 ml	Sahne
100 g	Butter
400 g	Äpfel, geschält, entkernt und gewürfelt
1 EL	Zucker
	etwas Zitronensaft
100 ml	Weißwein
	Salz
	Muskat

UND SO WIRD'S ZUBEREITET

Die Kartoffeln in wenig Salzwasser gar kochen, abgießen und durch die Kartoffelpresse drücken. Die Sahne etwas erwärmen und zusammen mit der Butter mit einem Holzlöffel unter die Kartoffeln rühren.

Die Äpfel mit Zucker, Zitronensaft und Weißwein vermengen. Bißfest garen und unter das Püree mischen. Mit Salz und Muskat würzen.

Eine interessante und delikate Variante zum herkömmlichen Kartoffelpüree.

Wirsinggmias (Wirsinggemüse)

ZUTATEN

1	kleiner Kopf Wirsing, geviertelt, Strunk entfernt und in kleine Rauten geschnitten
	Salz
100 g	Butter
60 g	Mehl
200 ml	Sahne
100 g	geräucherter Speck, fein gewürfelt
1	Zwiebel, geschält und fein gewürfelt
	Pfeffer
	Muskat
	Feinwürzmittel

UND SO WIRD'S ZUBEREITET

Den Wirsing gründlich waschen, in Salzwasser blanchieren und in Eiswasser abschrecken (so bleibt der Wirsing schön grün). Über einem Sieb abtropfen lassen und 500 ml Sud beiseite stellen.

Aus 80 g Butter und Mehl eine helle Schwitze zubereiten. Mit dem Wirsingsud und der Sahne aufgießen. Unter öfterem Rühren etwa 10 Minuten durchkochen lassen.

In der Zwischenzeit den Speck und die Zwiebel in der restlichen Butter glasig dünsten.

Die Wirsingrauten und die Speck-Zwiebeln unter die weiße Sauce mischen und nochmals kurz aufkochen. Mit den Gewürzen pikant abschmecken.

Paßt hervorragend zu gekochtem Fleisch, Geflügel- oder Wildgerichten. Die äußeren grünen Blätter nicht verwenden. Sie schmecken oft zäh und modrig.

Wie bei fast allen Kohlgerichten, schmeckt auch dieses aufgewärmt eigentlich am besten.

BREZNGUGELHUPF

ZUTATEN

6	*altbackene Brezn ohne Salz, in ca. 2 x 2 cm große Würfel geschnitten*
2	*altbackene Semmeln, in ca. 2 x 2 cm große Würfel geschnitten*
500 ml	*heiße Milch*
1	*Zwiebel, geschält und gewürfelt*
60 g	*Butter*
1/2 Bund	*Petersilie, gehackt*
4	*Eier, getrennt*
	Salz und frisch gemahlener Pfeffer
	Butter und Mehl für die Gugelhupfform

UND SO WIRD'S ZUBEREITET

Die Brezn- und Semmelwürfel mit der heißen Milch überbrühen und zugedeckt ruhen lassen. Die Zwiebelwürfel in heißer Butter glasig dünsten.

Den Ofen auf 160°C vorheizen. Die Gugelhupfform ausbuttern und mit Mehl ausklopfen.

Die eingeweichten Brezn und Semmeln mit den Zwiebelwürfeln, der Petersilie und den Eigelben vermengen. Leicht salzen und pfeffern. Das Eiweiß zu Schnee schlagen und zuletzt unterheben.

Die Breznmasse in die vorbereitete Gugelhupfform 3/4 voll einfüllen und in den vorgeheizten Ofen schieben. Die Backzeit beträgt 30 bis 40 Minuten. Anschließend aus der Form stürzen.

Der Brezngugelhupf – am besten im Ganzen serviert – ist sicher eine Beilage, die Aufsehen erregt. Passend zu allen Gerichten, zu denen Sie vielleicht Nudeln, Knödel oder Spätzle servieren würden. Oder lassen Sie ihn einfach mal die Hauptrolle spielen – mit einer Champignon- oder Reherlsauce. Und sollte einmal etwas vom Gugelhupf übrig bleiben (was ich nicht glaube), so schneiden Sie diesen in 1 cm dicke Scheiben. In schäumender Butter von beiden Seiten leicht braten.

Grünwalder Ritterzipfe

ZUTATEN

500 g	mehligkochende Pellkartoffeln, geschält
1	kleine Zwiebel, geschält und fein gewürfelt
100 g	geräuchertes Wammerl, klein gewürfelt
100 g	Sauerkraut, gut ausgedrückt und grob gehackt
50 g	Butterschmalz
2	Eigelbe
	Salz und Pfeffer
	Muskat
	Koriander aus der Mühle
3 EL	Mehl

UND SO WIRD'S ZUBEREITET

Die gekochten Kartoffeln durch die Kartoffelpresse drücken. Zwiebel- und Wammerlwürfel in etwas Butterschmalz glasig dünsten; leicht abkühlen lassen.

Sämtliche Zutaten zu einem geschmeidigen Kartoffelteig verarbeiten. Mit mehligen Händen etwa fingergroße und -dicke Würste (Zipfe) daraus formen. Zugedeckt für 1 Stunde kalt stellen.

Anschließend in reichlich heißem Butterschmalz goldgelb und knusprig ausbacken.

Eine leckere Beigabe zu allen Braten- und Pfannengerichten oder aber auch soli mit Sauerkraut oder Apfelmus.

SEIDENE PREISELBEER-KNÖDEL

ZUTATEN

1 kg	Pellkartoffeln, gekocht
	Salz
300 g	Kartoffelstärke
250 ml	heiße Milch
100 g	Preiselbeerkompott
2 1/2 l	Salzwasser

UND SO WIRD'S ZUBEREITET

Die gekochten Kartoffeln schälen, durch eine Presse drücken und leicht auskühlen lassen. Anschließend salzen, mit 250 g Kartoffelstärke vermengen und mit heißer Milch übergießen.

Den abgekühlten Kartoffelteig nochmals durcharbeiten und daraus Knödel formen. Mit Preiselbeerkompott füllen.

Die restliche Kartoffelstärke mit etwas Wasser glatt rühren und in das siedende Salzwasser rühren. Die Knödel einlegen und diese in 20 bis 25 Minuten gar ziehen lassen.

Die Preiselbeerknödel passen hervorragend zu Enten- oder Wildgerichten.

Bei der Herstellung von Knödeln sollten Sie immer einen Probeknödel kochen. Sollte er nicht gut halten, so geben Sie noch etwas Mehl, Stärke oder Brösel dazu. Ist er zu fest, dann lockern Sie ihn einfach mit einem Ei oder entsprechender Flüssigkeit.

Die seidenen Preiselbeerknödel haben ihren Namen von dem seidigen Glanz ihrer Oberfläche erhalten. Wenn die Knödel an Ihren Zähnen hängenbleiben, so ist dies ein positives Qualitätsmerkmal.

Blaukraut mit Zimt und Orangen

ZUTATEN

1 1/4 kg	Blaukraut, äußere Blätter entfernt, geviertelt
1	große Zwiebel, in Streifen geschnitten
80 g	Enten- oder Schweinefett
250 ml	Brühe

ZUTATEN FÜR DIE MARINADE

	Salz und Pfeffer
	Zucker
	Essig
250 ml	Orangensaft
40 g	Preiselbeerkompott
125 ml	Rotwein
1 Prise	Zimt
	abgeriebene Schale einer 1/2 Orange
100 g	Apfelmus
1	Lorbeerblatt
2	Nelken

UND SO WIRD'S ZUBEREITET

Das Blaukraut mit einem Hobel in nicht allzu feine Streifen schneiden.

Die Marinadezutaten verrühren, über das Kraut gießen und abdecken. Das Kraut mindestens einen Tag marinieren lassen.

Die Zwiebel im Fett glasig dünsten und das marinierte Kraut hinzufügen. Die Brühe eingießen und das Ganze etwa 1 Stunde schmoren lassen. Wenn nötig nochmals nachwürzen.

Falls gewünscht mit etwas angerührter Weizenstärke leicht binden.

Durch das Marinieren des Blaukrauts erreichen Sie einen milden, aber doch herzhaft süß-sauren geschmacklichen Kontrast. Die Farbe wird dadurch auch intensiver.

Das Blaukraut läßt sich prima bis zu 10 Tage im Kühlschrank aufbewahren.

Kartoffel-Quark-Nockerl

ZUTATEN

600 g	Pellkartoffeln vom Vortag, geschält
600 g	Quark, ausgedrückt
2	Eier
3	Eidotter
40 g	Parmesankäse, gerieben
90 g	Grieß
Salz	Muskat
2 EL	Kartoffelstärke
40 g	Butter

UND SO WIRD'S ZUBEREITET

Die geschälten Kartoffeln durch eine Presse drücken. Mit dem Quark, den Eiern, den Eidottern, dem Parmesan und dem Grieß zu einem mittelfesten Teig vermengen. Mit Salz und Muskat würzen.

Etwa 1 1/2 l Salzwasser zum Kochen bringen und mit angerührter Kartoffelstärke abbinden. Aus dem Kartoffel-Quark-Teig mit einem Eßlöffel Nockerl abstechen und diese in das leicht siedende Wasser gleiten lassen. Nach jedem Nockerl den Löffel wieder abspülen.

Nach einer Garzeit von 10 bis 15 Minuten die fertigen Nockerln mit einer Schaumkelle aus dem Wasser nehmen. Kurz abtropfen lassen und in Butter schwenken.

Nach Belieben Kräuter, fein gewürfelten Schinken oder Pilze während dem Schwenken der Nockerln hinzufügen.

Bei dem Nockerlrezept ist es sehr wichtig, daß der Quark sehr gut ausgedrückt wird – der Teig könnte sonst zu locker werden. Der Parmesankäse dient zur Geschmackshebung.

Besonders fein zu zarten, hellen Fleisch- und Geflügelgerichten mit leichter Sauce.

Kartoffel-Birnen-Gratin

ZUTATEN

400 g	Birnen, geschält, entkernt und in Scheiben geschnitten
	Saft von 1/2 Zitrone
400 g	Kartoffeln, geschält und in Scheiben geschnitten
	Butter für die Form
	Salz und frisch gemahlener Pfeffer
	Sahne
1	Lorbeerblatt
1	Thymianzweig
80 g	Emmentaler, frisch gerieben

UND SO WIRD'S ZUBEREITET

Die Birnenscheiben mit Zitronensaft beträufeln. Eine Auflaufform ausbuttern. Den Ofen auf 170°C vorheizen.

Die Birnen- sowie Kartoffelscheiben dachziegelartig in die Auflaufform einschichten. Salzen, pfeffern und mit Sahne aufgießen. Das Lorbeerblatt und den Thymianzweig zugeben. Den Auflauf mit einer Alufolie abdecken.

Die Form in den vorgeheizten Ofen schieben und in etwa 30 Minuten weich garen. Kurz vor Ende der Garzeit die Folie abnehmen, den Käse darüberstreuen und bei starker Oberhitze leicht bräunen.

Schmeckt prima zu Wildgerichten, zu Kurzbratfleisch und Geflügelgerichten. Läßt sich gut vorbereiten und auch in der Mikrowelle wieder erwärmen.

Die Kartoffeln keinesfalls in Scheiben geschnitten wässern, denn die Kartoffelstärke wird zur Bindung benötigt.

Omas Teigknödel

ZUTATEN FÜR 6 STÜCK

6	Semmeln vom Vortag, in ca. 1 cm große Würfel geschnitten
1	kleine Zwiebel, geschält und fein gewürfelt
30 g	Butter
100 g	Mehl
125 ml	Milch
1	Ei
1 EL	gehackte Petersilie
	Salz
	Muskat

UND SO WIRD'S ZUBEREITET

Die Zwiebel in heißer Butter glasig dünsten.

Aus Mehl, Milch und dem Ei einen glatten Teig rühren und über die Semmelwürfel gießen. Die Zwiebelwürfel, die Petersilie, Salz und Muskat hinzufügen. Die Masse locker durchheben und daraus 4 bis 6 Knödel formen.

Die Knödel in siedendes, gut gesalzenes Wasser legen und zugedeckt etwa 15 Minuten langsam kochen lassen.

Ein Knödel der Extraklasse. Ein bißchen Fingerspitzengefühl braucht's allerdings schon dafür. Jedoch zu einem würzigen Schmorgericht ein echtes Erlebnis.

Natürlich wissen Sie, liebe Freunde der Bayerischen Küche, daß man einen Knödel niemals mit dem Messer schneidet, weil er sonst eine speckige Oberfläche bekommt und die Sauce nicht mehr aufsaugen kann! Bei diesen Knödeln ist darauf ganz besonders zu achten.

Kohlrabigmias
(Kohlrabigemüse)

ZUTATEN

2	große Kohlrabi, geschält und in dünne Stifte geschnitten
	Salz
30 g	Butter
20 g	Mehl
100 ml	Sahne
	Pfeffer
	Muskat
1 Prise	Feinwürzmittel

UND SO WIRD'S ZUBEREITET

Die Kohlrabistifte in kochendem Salzwasser blanchieren. Über einem Sieb abtropfen lassen und dabei 250 ml Sud auffangen und beiseite stellen.

Aus Butter und Mehl eine helle Schwitze herstellen. Mit dem Kohlrabisud und der Sahne aufgießen. Salzen, pfeffern und mit Muskat würzen. Die Sauce etwa 5 Minuten kochen lassen und mit dem Mixstab glatt rühren.

Nach einigen Minuten die Kohlrabistifte unterheben, nochmals aufkochen und bei Bedarf nachwürzen.

Sollten die Kohlrabi noch junge Blätter haben, so schneiden Sie diese in feine Streifen und geben sie kurz vor dem Servieren zum Gemüse.

Ein Gemüse, das wirklich "zu allem" paßt.

SEKT-GRAUPEN-RISOTTO

ZUTATEN

100 g	Speck, fein gewürfelt
1	Zwiebel, geschält und gehackt
100 g	Butter
70 g	Karotten, geschabt und gewürfelt
70 g	Sellerie, geschält und gewürfelt
70 g	Lauch, geputzt und gewürfelt
250 g	Graupen
600 ml	Rinderbrühe
100 ml	Sekt
	frisch gehackte Kräuter (Kerbel, Petersilie, Schnittlauch)
	Salz und Pfeffer

UND SO WIRD'S ZUBEREITET

In einem breiten, flachen Topf etwa die Hälfte der Butter erhitzen. Zwiebel-, Speck- und Gemüsewürfel der Reihe nach andünsten und dabei ständig rühren. Zuletzt die Graupen einstreuen und noch einige Minuten dünsten lassen. Mit Rinderbrühe und Sekt aufgießen.

Nach dem ersten Aufkochen, den Topf mit einem Deckel gut verschließen und diesen in den vorgeheizten Backofen bei 180°C schieben.

Das Graupenrisotto nach etwa 40 Minuten aus dem Ofen nehmen. Mit der restlichen kalten Butter verschlagen und mit Kräutern, Salz und Pfeffer pikant verfeinern.

Eine nicht alltägliche Beilage, saftig, würzig, extravagant.

Servieren Sie das Risotto zu Fisch oder Geflügel. Verwenden Sie natürlich die entsprechende Grundbrühe zum Aufgießen.

Schwammerl und Gmias als Hauptsache

Gemüselasagne mit Olivenragout

Lauchkuchen

Frischer Spargel mit Basilikum-Hollandaise

Rösti mit frischen Steinpilzen in Petersilienrahm

Schwammerl

Grüne Knödel

Sellerieschnitzel in Parmesanbrösel gebacken
mit Joghurtsauce

Schwammerl-Maultaschen

G'röste Reherl auf Bauernbrot

Gefüllte Gemüsepfannkuchen

Müslidatschi mit Radieserlsauce

Gemüseg'röstl auf Kartoffelquark

Zum Bild links: Schwammerl, Gmias und Kräuter gehören einfach zusammen.

Gemüselasagne mit Olivenragout

ZUTATEN FÜR LASAGNE

2	Schalotten, geschält und fein gewürfelt
1	Aubergine, gehäutet und gewürfelt
	etwas Zitronensaft
40 g	Butter
	Salz und Pfeffer
	Knoblauch
300 ml	Sahne
2	Eier
1	Zucchini, in Scheiben geschnitten
1/4	Sellerieknolle, in Scheiben geschnitten und blanchiert
100 g	Spinat, blanchiert
200 g	Kohlrabischeiben, blanchiert
300 g	Karottenscheiben, blanchiert
5	Wirsingblätter, blanchiert
80 g	Emmentaler oder Gouda, gerieben
	Butter für die Form

ZUTATEN FÜR DAS OLIVENRAGOUT

1	Schalotte, geschält und fein gewürfelt
100 g	entkernte schwarze Oliven, geviertelt
200 g	Tomaten, gehäutet
3 EL	Olivenöl
je 2 EL	glatte Petersilie und Basilikum, gehackt
	Salz und Pfeffer
	Zucker

UND SO WIRD'S GEMACHT

Die Auberginenwürfel mit Zitronensaft beträufeln. In schäumender Butter die Schalottenwürfel glasig schwitzen. Die Auberginenwürfel hinzufügen und mit Salz, Pfeffer und Knoblauch würzen. Mit Sahne aufgießen und etwa 10 Minuten leise köcheln lassen.

Das Auberginengemüse im Küchenmixer fein pürieren; leicht abkühlen lassen. Die Eier unterrühren und nach Bedarf nochmals nachwürzen.

Eine feuer- und mikrofeste Form ausbuttern. Das Gemüse und die Sauce beginnend mit einem Wirsingblatt abwechselnd einschichten. Die Oberfläche mit Auberginensauce abschließen und mit Käse überstreuen. Mit Klarsichtfolie abdecken und in der Mikrowelle etwa 5 Minuten garen. Oder mit Butterflöckchen belegen und im Ofen bei etwa 180°C etwa 30 Minuten backen.

Für das Olivenragout die Tomaten entkernen sowie klein würfeln. In heißem Olivenöl die Schalottenwürfel anschwitzen. Die restlichen Zutaten beigeben und das Ganze pikant würzen.

Die Gemüselasagne in der Form servieren. Die Olivensauce in einer Sauciere separat reichen.

Bevorzugen Sie, wenn möglich, in diesem Fall zum Garen die Mikrowelle. Sie ist schneller, gleichmäßiger und schonender. Die Farben der einzelnen Gemüse bleiben frisch und leuchtend.

Wichtig: Nach dem Garen noch etwa 5 bis 10 Minuten ruhen und setzen lassen.

LAUCHKUCHEN

ZUTATEN FÜR DEN TEIG

500 g	Mehl
10 g	Salz
150 ml	Wasser

ZUTATEN FÜR DEN BELAG

500 g	Lauch, gewaschen und in 1 cm dicke Scheiben geschnitten
150 g	geräucherter Speck, gewürfelt
	etwas Butter
4	Eier
4	Eidotter
200 ml	Sahne
200 ml	Milch
	Salz und Pfeffer
	Muskat
200 g	Emmentaler oder Allgäuer Bergkäse, gerieben
5	Tomaten, gehäutet
	Butter für die Form (30 cm Durchmeser)

UND SO WIRD'S ZUBEREITET

Mehl, Salz und Wasser rasch zu einem Teig verarbeiten und für mindestens 30 Minuten kaltstellen.

Die Lauchstreifen und die Speckwürfel in etwas Butter andünsten, die Pfanne beiseite ziehen. Eier, Eidotter, Sahne und Milch miteinander verkleppern. Mit Salz, Pfeffer und Muskat kräftig würzen.

Den Ofen auf 150°C vorheizen.

Den kalten Teig auf einer bemehlten Arbeitsfläche 3 mm dick auswellen. Eine Backform ausbuttern und mit dem Teig auslegen, auch den Rand hochziehen.

Abwechselnd Speck, Lauch und Käse in die Form streuen. Zuletzt die Tomaten in Scheiben schneiden und kreisförmig darauflegen. Mit Eier-Sahnemischung übergießen und in den Ofen schieben. Die Backzeit beträgt knapp 40 Minuten. Anschließend die fertige Lauchtorte 10 Minuten ruhen lassen.

Dazu passen frische gemischte Salate, eine kalte Kräutersauce und ein Glas Apfelmost oder Weißwein.

Frischer Spargel mit Basilikum-Hollandaise

ZUTATEN FÜR DEN SPARGEL

2 kg	Spargel, geschält und holzige Enden großzügig abgeschnitten
50 g	Butter
	Salz
	Zucker

ZUTATEN FÜR DIE SAUCE

250 g	Butter
3	Eidotter
4 EL	Weißwein
	etwas Zitronensaft
	Salz und Pfeffer
1 Bund	frisches Basilikum, in Streifen geschnitten

UND SO WIRD'S ZUBEREITET

Einen größeren Topf mit genügend Wasser und unter Zugabe von Butter, Salz und Zucker zum Kochen aufstellen. Den Spargel einlegen und ca. 3 Minuten sprudelnd kochen und danach 10 Minuten ziehen lassen. Der Spargel muß noch bißfest sein.

Die Butter klären und durch ein Sieb abgießen. Die Eidotter mit Weißwein, Zitronensaft, Salz und Pfeffer über einem warmen Wasserbad cremig aufschlagen. Anschließend die geklärte, noch gut warme Butter tropfenweise unterrühren. Zuletzt die Basilikumstreifen beigeben.

Die gegarten Spargelstangen auf einem Tuch kurz abtropfen lassen und auf vorgewärmten Tellern anrichten. Mit der Sauce überziehen. Dazu gibt's natürlich Kartoffeln.

Eine Sauce Hollandaise ist nicht "sooo" schwer zuzubereiten, wenn man einige Regeln beachtet. Die Eidotter kräftig aufschlagen und das Wasserbad nicht zu heiß werden lassen, denn sonst gibt's Rühreier. Die Butter langsam in die aufgeschlagene Creme rühren, damit eine schöne Bindung entsteht. Die Eimasse sowie die geklärte Butter sollten möglichst die gleiche Temperatur haben.

Rösti mit frischen Steinpilzen in Petersilienrahm

ZUTATEN FÜR DIE STEINPILZE

600 g	frische Steinpilze, geputzt und klein geschnitten
2	kleine Zwiebeln, geschält und fein gewürfelt
1	Knoblauchzehe, geschält und fein gewürfelt
1/2 Bund	glatte Petersilie, grob gehackt
80 g	Butter
500 ml	Sahne
200 ml	Weißwein
	Salz und Pfeffer
100 ml	Sahne, steif geschlagen

ZUTATEN FÜR DIE RÖSTI

1,2 kg	Pellkartoffeln (2 Tage alt), geschält
150 g	geräucherter Speck, gewürfelt
2	Zwiebeln, geschält und gewürfelt
50 g	Butter
	Salz und Pfeffer

UND SO WIRD'S ZUBEREITET

Die Zwiebeln und den Knoblauch in schäumender Butter anbraten, Pilze beigeben und ebenfalls kurz braten. Die Pilze aus der Pfanne nehmen und warm stellen.

Den Pfannensatz mit Weißwein ablöschen und mit Sahne aufgießen. Solange einkochen, bis die Sauce eine sämige Konsistenz erhält. Die Sauce mit dem Mixstab aufmixen, Pilze salzen sowie pfeffern und in die Sauce geben. Die Petersilie einstreuen und kurz vor dem Servieren die Schlagsahne unterheben. Nochmals abschmecken.

Die Pellkartoffeln schälen und mit der Röstiraffel reiben. Den Speck und die Zwiebel in einer größeren Pfanne in heißer Butter kurz anbraten. Die geriebenen Pellkartoffeln beigeben, salzen und pfeffern. Kurz mitbraten und dann die Rösti mit einem Löffel formen. Auf beiden Seiten knusprig und goldbraun braten.

Nach Belieben einen großen Rösti in der Pfanne formen und diesen auch so servieren.

Steinpilze sollten Sie auf keinen Fall waschen, sie verlieren dabei zuviel Aroma und lassen sich schlecht braten.

Schwammerl

ZUTATEN

250 g	Reherl, geputzt
150 g	Maronenröhrlinge, geputzt
250 g	Steinpilze, geputzt
100 g	Egerlinge, geputzt
3	Schalotten, geschält und fein gewürfelt
3	Knoblauchzehen, geschält und fein gewürfelt
200 g	Butter
500 ml	helle Rinder- oder Geflügelbrühe
125 ml	Weißwein
400 ml	Sahne
	Salz und Pfeffer
20 g	Mehl

UND SO WIRD'S ZUBEREITET

Alle Pilze nach Bedarf etwas kleiner schneiden. Die Schalottenwürfel und den Knoblauch in 100 g heißer Butter glasig anschwitzen. Das Mehl einsieben und kurz mitrösten. Unter ständigem Rühren mit Brühe, Weißwein und Sahne aufgießen. Salzen und pfeffern. Etwa 10 Minuten zu einer cremigen Sauce kochen und mit dem Mixstab aufschlagen.

Die Schwammerl der Reihe nach in der restlichen Butter andünsten. Zuerst die Steinpilze, die Maronen, die Reherl und dann die Egerlinge. Salzen, pfeffern und nach Geschmack zusätzlich mit Knoblauch würzen.

Die Schwammerl unter die fertige Sauce mischen und kurz aufkochen lassen.

Sollten die Schwammerl (vor allem Maronenröhrlinge und Steinpilze) zuviel Bindung abgeben, so gießen Sie noch etwas Brühe an.

Dies ist eigentlich ein echter Schwammerl-Eintopf. Die "Grünen Knödel" dazu finden Sie auf der folgenden Seite.

GRÜNE KNÖDEL

ZUTATEN

60 g	frische Kräuter, grob zerkleinert, (Petersilie, Kerbel, Basilikum, Liebstöckel etc.)
30 g	Spinat, gewaschen
125 ml	Wasser
400 g	Semmeln, entrindet
100 ml	Sahne
	Salz und Pfeffer
	Muskat
1	kleine Zwiebel, geschält und gehackt
50 g	Butter
3	Eier

UND SO WIRD'S ZUBEREITET

Die Kräuter sowie den Spinat 2 Sekunden in kochendem Wasser blanchieren und sofort in Eiswasser abschrecken. Anschließend im Küchenmixer mit 125 ml Wasser fein pürieren.

Die "weißen" oder "nackerten" Semmeln in feine Scheiben schneiden. Die Sahne erhitzen, darübergießen und mit Salz, Pfeffer sowie Muskat pikant würzen.

Die Zwiebel in heißer Butter glasig dünsten.

Die aufgeweichten Semmelscheiben mit der grünen Sauce, den angeschwitzten Zwiebeln und den Eiern vermengen. Mit feuchten Händen kleine Knödel formen und diese in siedendes Salzwasser legen. Ca. 5 Minuten kochen und 5 Minuten gar ziehen lassen. Sofort servieren!

Die grünen Knödel passen hervorragend zu Pilzgerichten, Geflügelgerichten oder soli als Suppeneinlage.

Unbedingt sofort servieren, denn sonst sind es keine grünen, sondern graue Knödel!

Sellerieschnitzel in Parmesanbrösel gebacken mit Joghurtsauce

ZUTATEN

1	Sellerie, geschält und in 1/2 cm dicke Scheiben geschnitten
	etwas Zitronensaft
	Salz und Pfeffer
50 g	Parmesankäse, gerieben
80 g	Semmelbrösel
	etwas Mehl
2	Eier, verquirlt
60 g	Butterschmalz
150 ml	Sahnejoghurt
150 ml	Sauerrahm
	frisch gehackte Kräuter, wenn möglich Salbei, Liebstöckel und Selleriekraut
1 Msp	Currypulver

UND SO WIRD'S ZUBEREITET

Den Sellerie sofort mit Zitronensaft einreiben, salzen und pfeffern. Parmesankäse und Semmelbrösel miteinander vermengen.

Die Selleriescheiben in Mehl wenden, durch die verquirlten Eier ziehen und dann in dem Käse-Brot-Gemisch panieren. In heißem Butterschmalz von beiden Seiten langsam ausbacken.

Aus Joghurt, Sauerrahm, Kräutern, Currypulver, Salz und Pfeffer eine feine Sauce rühren.

Mit Kartoffeln und einer Zitronenspalte servieren.

Ein besonders bevorzugtes Rezept in meiner vegetarischen Kochkiste.

Verehrte Freunde der "Feinen Bayerischen Küche", Sie wissen ja, Sellerie ist als Aphrodisiakum anerkannt.

Wenn Sie das jedoch nicht wünschen sollten, dann müssen Sie die Scheiben vorher kurz blanchieren.

SCHWAMMERL-MAULTASCHEN

ZUTATEN FÜR DEN TEIG

300 g	Mehl
50 g	Grieß
3	Eier
	Salz
3 EL	Öl
	lauwarmes Wasser

ZUTATEN FÜR DIE FÜLLUNG

100 g	Steinpilze, geputzt und grob gewürfelt
100 g	Pfifferlinge, geputzt und grob gewürfelt
50 g	Champignons, geputzt und grob gewürfelt
1	kleine Zwiebel, geschält und fein gewürfelt
1	Knoblauchzehe, geschält und fein gewürfelt
30 g	Butter
	Salz und Pfeffer
50 g	Kalbsbrät
2	Eier
1 EL	glatte Petersilie, gehackt
2	große Zwiebeln, geschält und in Streifen geschnitten
60 g	Butter

UND SO WIRD'S ZUBEREITET

Aus Mehl, Grieß, Eiern, Salz, Öl und etwas Wasser einen glatten Nudelteig herstellen. In Klarsichtfolie wickeln und 1 Stunde in den Kühlschrank stellen.

Die Zwiebel- und Knoblauchwürfel in etwas Butter glasig dünsten. Die Pilze mitbraten, salzen und pfeffern. Die Pfanne beiseite ziehen.

In einer Schüssel den ausgekühlten Pfanneninhalt mit dem Kalbsbrät, einem Ei und der Petersilie vermengen. Sehr würzig abschmecken.

Den Nudelteig auf einer bemehlten Fläche dünn ausrollen. Auf die halbe Teigfläche im Abstand von 3 bis 4 cm jeweils 1 Eßlöffel der Füllung setzen. Die Zwischenräume mit einem verquirlten Ei bestreichen. Die andere Teighälfte darüberklappen und mit einem Holzstiel die Zwischenräume fest zusammendrücken. Die Maultaschen mit einem Teigrädchen ausschneiden und in siedendem Salzwasser 3 bis 4 Minuten kochen.

Die Zwiebelstreifen in genügend heißer Butter bräunen. Leicht salzen und pfeffern. Die fertigen Maultaschen auf vorgewärmte, tiefe Teller verteilen und mit gerösteten Zwiebeln anrichten.

Servieren Sie dazu einen Löffel Sauerrahm und frische Schnittlauchröllchen. Aber auch in einer schönen Bouillon oder einer leichten Sahnesauce schmecken diese Maultaschen großartig.

G'RÖSTE REHERL AUF BAUERNBROT

ZUTATEN

600 g	Reherl, geputzt
2	Schalotten, geschält und fein gewürfelt
2	Knoblauchzehen, geschält und fein gewürfelt
1 Bund	Petersilie, grob gehackt
2 EL	Öl
100 g	Butter
	Salz und Pfeffer
8	Eier
1 Msp	Currypulver
4	Scheiben Bauernbrot

UND SO WIRD'S ZUBEREITET

Die Reherl nach dem Putzen waschen und für 10 Minuten zum Trocknen in den auf 80°C vorgewärmten Backofen legen oder 1 Stunde in die Sonne stellen. Das erhöht dann das Pilzaroma.

In einer größeren Pfanne das Öl erhitzen. Die Reherl einstreuen und 1 Minute scharf rösten; herausnehmen. In den Bratensatz 50 g Butter gleiten lassen und darin die Schalotten- und Knoblauchwürfel glasig andünsten. Die Reherl wieder zugeben, salzen und pfeffern.

Die Eier darüberschlagen und das Ganze vorsichtig vermengen. Die Petersilie unterheben und nach Bedarf nochmals würzen.

Die Brotscheiben mit der restlichen Butter bestreichen und ganz leicht mit Currypulver bestäuben (hebt den Geschmack). In der Pfanne von beiden Seiten kurz bräunen und mit den gerösteten Reherln servieren.

Dazu Kopfsalat in Frankenwein-Dressing, Rezept auf Seite 175, angemacht und mit etwas brauner Butter übergossen servieren – ein Hit!

Ist als Vorspeise oder auch als Hauptsache ein echtes und beliebtes feines bayrisches Schmankerl. Wenn Sie die Möglichkeit haben, die gewaschenen Reherl für 1 Stunde an die Sonne zu legen, so sollten Sie dies unbedingt tun. Die Pilze trocknen schön ab und lassen sich besser braten, weil sie nicht mehr soviel Wasser enthalten.

Gefüllte Gemüsepfannkuchen

ZUTATEN FÜR DEN PFANNKUCHENTEIG

200 g	Mehl
250 m	Milch
3	Eier
	Salz
	Butter zum Backen

ZUTATEN FÜR DIE FÜLLUNG

1 kg	verschiedene Gemüsesorten, blanchiert und in 1 cm große Stücke geschnitten
200 g	frischer Allgäuer Bergkäse, gerieben
1	Ei
1 EL	frische Kräuter, gehackt
	Salz und Pfeffer
	Currypulver
	Butter für die Auflaufform

ZUTATEN FÜR DEN EIERGUSS

200 ml	Sahne
200 ml	Milch
3	Eier
1 Prise	Muskat

UND SO WIRD'S ZUBEREITET

Den Ofen auf 180°C vorheizen.

Aus Mehl, Milch, Eiern und Salz einen glatten Pfannkuchenteig herstellen. Knusprige und dünne Pfannkuchen ausbacken.

Die Gemüsestücke auf einem Tuch abtropfen. In einer Schüssel mit dem Käse, dem Ei, den Kräutern und den Gewürzen vermengen.

Eine größere Auflaufform üppig ausbuttern. Die Pfannkuchen mit der Gemüsemischung belegen, aufrollen und eng aneinander gelegt in die Form schichten.

Sahne, Milch und Eier mit den Gewürzen verschlagen und über die gefüllten Pfannkuchen gießen. Die Auflaufform in den Ofen schieben und die Gemüsepfannkuchen in etwa 45 Minuten fertig backen. Kurz vor dem Servieren noch etwa 10 Minuten ruhen lassen.

Dazu paßt eine leichte Pilz-, Tomaten- oder Spinatsauce.

Ein wirklich feines und sättigendes Gericht, das ich gerne mag.

MÜSLIDATSCHI MIT RADIESERLSAUCE

ZUTATEN FÜR DIE RADIESERLSAUCE

1 Bund	Radieserl, gewaschen und Julienne geschnitten
1 Bund	Schnittlauch, gewaschen und in Röllchen geschnitten
10	Basilikumblättchen, in Streifen geschnitten
250 g	Sahnequark
50 g	Crème fraîche
50 g	Naturjoghurt
	Salz und Pfeffer
1 Prise	Currypulver

ZUTATEN FÜR DIE DATSCHI

1 kg	Kartoffeln, geschält und fein gerieben
30 g	Korinthen
20 g	Haselnüsse, gehackt
je 30 g	Weizenflocken, Haferflocken und Gerstenflocken, ersatzweise 90 g gemischte Flocken
20 g	Leinsamen
2	Eier
1	Karotte, geschält und geraspelt
1	Apfel, geschält und geraspelt
2 EL	Crème fraîche oder Sauerrahm
	Butterschmalz zum Ausbacken

UND SO WIRD'S ZUBEREITET

Den Quark mit der Crème fraîche sowie dem Joghurt glatt rühren. Alle Zutaten nacheinander unterheben; pikant abschmecken.

Die geriebenen Kartoffeln leicht ausdrücken und mit den restlichen Zutaten verrühren. Etwa 10 Minuten quellen lassen. Das Butterschmalz erhitzen und darin kleine knusprige, goldgelbe Datschis ausbacken. Dazu die Radieserlsauce servieren.

Verwenden Sie kein anderes Fett als Butterschmalz zum Ausbacken, man schmeckt es!

Gemüseg'röstl auf Kartoffelquark

ZUTATEN

2	Zucchini, gewaschen und in 1/2 cm dicke Scheiben geschnitten
1	Aubergine, gewaschen und in 1/2 cm dicke Scheiben geschnitten
2	Paprikaschoten, gewaschen, entkernt und in 2 cm große Stücke geschnitten
300 g	Blumenkohl, gewaschen, in kleine Röschen geteilt und in Salzwasser blanchiert
250 g	Steinpilze, geputzt und in 1/2 cm dicke Scheiben geschnitten
3	Tomaten
	Salz und Pfeffer
	Currypulver
	Knoblauch
	Feinwürzmittel
100 ml	Olivenöl
600 g	Pellkartoffeln, gekocht, heiß geschält und in 1/2 cm große Würfel geschnitten
350 g	Quark
100 ml	Sauerrahm
100 ml	Joghurt
	frische gehackte Kräuter

UND SO WIRD'S ZUBEREITET

Blumenkohl, Zucchini, Aubergine und Paprika salzen, pfeffern und leicht mit Curry würzen. Die Steinpilze mit Salz, Pfeffer und Knoblauch würzen.

Das Gemüse der Reihe nach in Olivenöl anbraten und aus der Pfanne nehmen. Die Pellkartoffeln salzen und pfeffern.

Quark, Sauerrahm und Joghurt glatt rühren. Mit Zitronensaft, Curry, Salz, Pfeffer und Feinwürzmittel pikant abschmecken. Die Kartoffelwürfel sowie die frischen Kräuter unter die Quarkmischung heben. Auf Tellern anrichten und darauf das Gemüseg'röstl verteilen und mit Tomatenscheiben garnieren.

Ein vegetarisches Gericht, das wirklich schmeckt, satt macht und alle wichtigen Nährstoffe enthält. Läßt sich auch prima als Vorspeise oder als vollwertiges Abendessen anbieten.

Die hier angegebenen Gemüse sind natürlich nur ein Vorschlag! Bei Ihrer Zusammenstellung halten Sie sich am besten an das Marktangebot bzw. was in Ihrem Garten wächst.

Käse – nicht nur zum Brot

Bratkartoffeln mit Birne und Bavaria blue

Käse-Kartoffel-Spätzle

Allgäuer Bergkäs' in Salbeibrösel gebacken

Miesbacher Käse-Soufflé mit Radieserln und Rucola

Cambozola in der Traubensulz'n

Bayerisches Käsefondue

Käse-Pfannkücherl

Bayerische Nudelfleckerl "Pasta Bavarese"

Bavaria-blue-Spinat

Zum Bild links: Auch eine Pause muß mal sein!

Bratkartoffeln
MIT BIRNE UND BAVARIA BLUE

ZUTATEN

800 g	gekochte Pellkartoffeln, geschält und in dicke Scheiben geschnitten
2	Birnen, geschält, entkernt und in dünne Spalten geschnitten
1	Zwiebel, geschält und in Streifen geschnitten
1 EL	Butterschmalz
	Salz und Pfeffer
250 g	Bavaria blue, in Scheiben geschnitten
1 EL	Butter

UND SO WIRD'S ZUBEREITET

Den Backofen auf 180°C vorheizen.

In einer großen Pfanne das Butterschmalz erhitzen. Zuerst die Zwiebel, dann die Kartoffeln und die Birnen darin anbraten. Leicht salzen und kräftig pfeffern.

Die Käsescheiben und die Butterflöckchen über die Kartoffelpfanne verteilen. Die Pfanne in den vorgeheizten Ofen schieben und den Käse in etwa 3 bis 5 Minuten leicht schmelzen lassen.

Die Zwiebeln sollten beim Anbraten leicht gebräunt werden. Das erhöht den feinen Geschmack.

Mehr als nur ein Käsegericht.

KÄSE-KARTOFFEL-SPÄTZLE

ZUTATEN FÜR DEN SPÄTZLETEIG

400 g	Mehl
4	Eier
125 ml	kaltes Wasser
	Salz
	Muskatnuß, gemahlen

ZUTATEN FÜR DIE KÄSE-KARTOFFELN

400 g	gekochte Pellkartoffeln, in Scheiben geschnitten
2	Zwiebeln, geschält und in dünne Streifen geschnitten
150 g	geräucherter Speck, in dünne Streifen geschnitten
30 g	Butterschmalz
	Salz und Pfeffer
150 g	Emmentaler, frisch gerieben
1 Bund	Schnittlauch, in Röllchen geschnitten
150 g	Bergkäse, frisch gerieben

UND SO WIRD'S ZUBEREITET

Aus Mehl, Eiern und Wasser einen Spätzleteig herstellen. Salzen und mit einer Prise Muskat verfeinern. Den Teig mit einem Spätzlehobel in siedendes Salzwasser hobeln. Aufwallen lassen, herausnehmen und in kaltem Wasser abschrecken; abtropfen lassen.

Die Zwiebel- und die Speckstreifen in einer großen Pfanne in Butterschmalz anbraten. Kartoffelscheiben hinzufügen und von allen Seiten knusprig braten. Nach einigen Minuten die Spätzle dazugeben; salzen und pfeffern.

Kurz vor dem Servieren den geriebenen Käse unterheben und die Pfanne vom Herd nehmen. Mit Schnittlauchröllchen garnieren.

Die Käse-Kartoffel-Spätzle am besten in der großen Pfanne servieren. Macht viel Spaß und schmeckt herrlich...

ALLGÄUER BERGKÄS' IN SALBEIBRÖSEL GEBACKEN

ZUTATEN

320 g	reifer Allgäuer Bergkäse
12	schöne Salbeiblätter, klein geschnitten
100 g	Semmelbrösel
	Mehl zum Panieren
2	Eier, verquirlt
100 g	Butter
	frisch gemahlener Pfeffer
100 g	Preiselbeeren
1 Glas	süß-saure Gurkerln

UND SO WIRD'S ZUBEREITET

Den Käse in vier gleich große Portionen schneiden. Die Salbeiblätter mit den Semmelbröseln vermengen.

Die Käsescheiben zweimal panieren: Zuerst in Mehl wenden, dann durch die Eier ziehen und zuletzt in den Salbei-Semmelbröseln wenden und dabei kräftig andrücken.

Die panierten Käsescheiben in genügend heißer Butter goldgelb und knusprig ausbacken. Auf Küchenkrepp leicht entfetten und mit einer kräftigen Drehung aus der Pfeffermühle würzen. Dazu Preiselbeeren und Gurken reichen.

Der Salbei gibt diesem Gericht natürlich erst den Pfiff.

Zugegebenermaßen ist dieses Gericht nicht gerade leicht, aber natürlich einmal eine echte Alternative zum doch recht bekannten gebackenen Camembert.

Panieren Sie den Käse doch mal nur in Pralinengröße und reichen Sie ihn als kleinen Appetitmacher auf einem Spießerl.

Schmeckt auch wunderbar mit einem Schafskäse.

MIESBACHER KÄSE-SOUFFLÉ MIT RADIESERLN UND RUCCOLA

ZUTATEN

2	Schalotten, geschält und fein gewürfelt
1	Knoblauchzehe, geschält und fein gewürfelt
80 g	Butter
80 g	Mehl
300 ml	Milch
50 ml	Weißwein
	Salz, Pfeffer und Muskatnuß
	Butter für die Förmchen
6	Eier, getrennt
120 g	geriebener Bergkäse
1 Würfel	Miesbacher Käse (62,5 g), mit einer Gabel zerdrückt
10 g	Weizenpuder
1 Bund	Radieserln, gewaschen und in Scheiben geschnitten
100 g	Rucola, gewaschen und in mundgerechte Stücke gezupft
	Walnußdressing von Seite 177

UND SO WIRD'S ZUBEREITET

Schalotten und Knoblauch in heißer Butter glasig dünsten, mit Mehl bestäuben und kurz mitrösten. Mit Milch und Weißwein aufgießen. Unter ständigem Rühren aufkochen lassen, bis eine kompakte, fast breiige Sauce entstanden ist. Leicht salzen, pfeffern und mit Muskat würzen. Den Topf vom Herd nehmen und die Sauce unter öfterem Rühren abkühlen lassen. In der Zwischenzeit die Förmchen ausbuttern und den Ofen auf 220°C vorheizen.

In die abgekühlte Sauce die Eidotter, den Bergkäse und den Miesbacher Käse rühren. Das Eiweiß mit Weizenpuder zu steifem Schnee schlagen und vorsichtig unter die Käsemasse heben. Die Förmchen mit der Soufflémasse zu etwa 3/4 füllen. In ein kochendes Wasserbad stellen und sofort in den Ofen schieben. Etwa 15 Minuten pochieren lassen, aus dem Wasserbad nehmen und 10 Minuten bei 220°C überbacken.

Vier Teller mit den Radieserln und dem Salat vorbereiten. Mit dem Walnußdressing anmachen.

Die fertigen Käsesoufflés vorsichtig und schnell aus den Förmchen gleiten lassen und auf die vorbereiteten Teller stürzen und sofort servieren, denn Sie wissen ja ein Soufflé...

Eine feine Geschichte am besten vor der Süßspeise.
Sollten Sie nicht gerade im bayrischen Raum wohnen und somit mit der Beschaffung von Miesbacher Käse Schwierigkeiten haben, können Sie den altbekannten Weinkäse fast genauso gut verwenden. Aber eben nur fast!

Cambozola in der Traubensulz'n

ZUTATEN

20 g	Gelatinepulver
250 ml	Apfelsaft
250 ml	Frankenwein
300 g	Sultanatrauben, gewaschen und trockengetupft
400 g	Cambozola, in dicke Scheiben passend zur Terrinenform geschnitten

UND SO WIRD'S ZUBEREITET

Eine Terrinenform mit Klarsichtfolie auslegen.

Das Gelatinepulver mit der Hälfte vom Apfelsaft kurz aufkochen. Den restlichen Apfelsaft und den Frankenwein einrühren; zum Abkühlen beiseite stellen.

Etwa 1/4 der Sulzflüssigkeit in die Terrinenform eingießen und darauf einen Teil Trauben auslegen. Die Käsescheiben darüber verteilen und mit der restlichen Flüssigkeit aufgießen. Mit den Weintrauben abschließen. Die Sülze über Nacht zum Steifen in den Kühlschrank stellen.

Mit dem Elektromesser aufschneiden und die Scheiben zimmerwarm servieren.

Ein schöner Käsegang, auch als Dessert. Ein bewährtes Trio in einem: Käse, Früchte und Wein.

Dazu reichen Sie frisches Brot mit Butter.

Bayerisches Käsefondue

ZUTATEN

1	*Schalotte*
1	*Knoblauchzehe*
0,4 l	*Frankenwein*
	etwas Kümmel
	Salz
	Pfeffer
500 g	*grob geriebenen Bergkäs'*
100 g	*grob geriebenen Emmentaler*
4 cl	*Obstler*
1/2 EL	*Weizenpuder*

UND SO WIRD'S ZUBEREITET

Die Schalotte und die Knoblauchzehe abschälen und fein würfeln. Zusammen mit dem Weißwein, dem Kümmel, Salz und Pfeffer in einem Keramik- oder Porzellangefäß aufkochen lassen. Den geriebenen Käse unter ständigem Rühren einstreuen und schmelzen lassen. Darauf achten, daß das Fondue immer kocht.

Den Obstler mit dem Weizenpuder glatt rühren und das Käsefondue damit leicht binden. Sofort auf einem Rechaud zu Tisch bringen.

Zum Eintauchen ins Käsefondue verschiedene, mundgroß geschnittene Brotsorten (kräftige eignen sich besser) bereit stellen. Dazu passen saure Gurkerl, Radieserl, Zwiebelchen und Pellkartoffeln.

Eine würzige und lustige Sache in der kalten Jahreszeit. Am besten schmeckt dazu schwarzer Tee. Und ist auch für den Magen am verträglichsten.

KÄSE-PFANNKÜCHERL

ZUTATEN

250 ml	Milch
4	Eier, getrennt
120 g	Mehl
100 g	Quark
	Salz und Pfeffer
40 g	Butter
400 g	verschiedene Käsesorten (Emmentaler, Bavaria blue, Bergkäse, Miesbacher Käse, etc.)

UND SO WIRD'S ZUBEREITET

Den Backofen auf 100°C vorheizen.

Aus Milch, Eidotter, Mehl und Quark einen sehr glatten Teig herstellen; salzen und pfeffern. Das Eiweiß zu nicht zu steifem Schnee schlagen und unterheben.

In einer entsprechenden Pfanne in heißem Fett helle Pfannkücherl ausbacken, die schön saftig sind. Mit der Käseauswahl belegen, in den Ofen schieben und in 3 bis 5 Minuten schmelzen lassen; leicht pfeffern.

Oder: In einer entsprechend großen Pfanne die Butter aufschäumen und den Teig etwa 1/2 cm hoch einfüllen, anbacken, wenden und fast fertig backen. Mit der Käsewahl belegen und im Ofen 3 bis 5 Minuten schmelzen lassen, leicht pfeffern. Gleich in der Pfanne auf den Tisch bringen

---

Sowohl "Süßes" wie "Saures" paßt hervorragend dazu. Am besten bieten Sie beides dazu an und lassen ihre Gäste selbst wählen.

Bayerische Nudelfleckerl
"Pasta Bavarese"

ZUTATEN FÜR DEN NUDELTEIG

200 g	Mehl
60 g	Grieß
1 TL	Öl
2	Eier
2	Eidotter
	Salz
1 EL	lauwarmes Wasser

ZUTATEN FÜR DIE KÄSSAUCE

50 g	Butter
150 ml	Sahne
je 50 g	Bergkäse, Emmentaler, Bavaria blue, Schmelzkäse, in kleine Stücke geschnitten
	frische gehackte Kräuter nach Wahl

UND SO WIRD'S ZUBEREITET

Aus den ersten Zutaten einen glatten Nudelteig herstellen. Diesen dann abgedeckt etwa 1/2 Stunde ruhen lassen.

Den Teig auf einer bemehlten Arbeitsfläche ca. 2 mm dünn ausrollen. Davon beliebig große Nudelfleckerl abzupfen oder ausstechen und zum Trocknen auf ein bemehltes Blech legen.

Die Nudelfleckerl in genügend Salzwasser bißfest garen. Abgießen und in schäumender Butter schwenken.

Die Sahne erwärmen und den Käse in kleinen Stückchen einrühren. Nachwürzen ist fast nicht erforderlich, da die Sahne und der Käse sich geschmacklich sehr gut ergänzen.

Die Nudelfleckerl in die Sauce geben, darin schwenken und mit viel frischen Kräutern servieren.

Man sieht, daß es von Bayern nach Italien nur ein kurzer Sprung über den Brenner ist...

Bavaria-Blue-Spinat

ZUTATEN

400 g	Blattspinat, gewaschen
1	Schalotte, geschält und fein gewürfelt
1	Knoblauchzehe, geschält und fein gewürfelt
80 g	Butter
150 ml	Crème double
100 g	Bavaria blue, klein gewürfelt
	Salz und Pfeffer

UND SO WIRD'S ZUBEREITET

Den Spinat in reichlich kochendem Salzwasser kurz blanchieren. Mit kaltem Wasser, am besten Eiswasser, abschrecken und anschließend gut ausdrücken.

Schalotte und Knoblauchzehe in 20 g schäumender Butter glasig dünsten. Die Crème double einrühren und kurz aufkochen lassen.

Die Käsewürfel zusammen mit der restlichen Butter in den Topf geben. Mit dem Mixstab zu einer cremigen Sauce schlagen.

Den Spinat klein schneiden und mit der Sauce vermengen. Salzen und pfeffern.

Dazu paßt von Kartoffeln über Reis bis hin zu Nudeln oder gebratenen Knödelscheiben eigentlich alles, was man so gemeinhin als Sättigungsbeilage bezeichnet. Aber vor allem ist dieser Spinat eine hervorragende Gemüsebeilage, sowohl zu Fisch wie auch zu Fleisch.

Es gibt auch prima tiefgefrorenen Spinat, der manchmal fast frischer als der frisch gekaufte Spinat schmeckt.

Für alles eine Sauce – Grundrezepte

Braten-Grundsauce
für Kalb, Schwein oder Lamm

Grundbrühe für Fisch

Grundsauce für Geflügel

Grundsauce für Wild

Rinderbrühe

Frankenwein-Dressing

Wörnbrunner Salatsauce

Walnuß-Dressing

Rahmige Salatsauce

Kartoffel-Dressing

Zum Bild links: Selbst der Chef braucht einmal eine schöpferische Pause.

Braten-Grundsauce für Kalb, Schwein oder Lamm

ZUTATEN FÜR ETWA 2 LITER

3	*mittelgroße Zwiebeln,*
2	*Karotten, gewaschen und in Stücke geschnitten (nicht geschält)*
1/4	*Sellerieknolle, gewaschen und in Stücke geschnitten (nicht geschält)*
1/2	*Stange Lauch, gewaschen und in Stücke geschnitten*
2	*Knoblauchzehen, geschält und in Stücke geschnitten*
1	*Bund Petersilie, gewaschen und abgetropft*
	Öl zum Braten
1,5 kg	*Knochen, klein gehackt*
1 EL	*Tomatenmark*
250 ml	*Wein*
2,5 l	*Wasser oder Brühe*
1 TL	*weiße Pfefferkörner*
3	*Lorbeerblätter, zerbröselt*

UND SO WIRD'S ZUBEREITET

Das Öl erhitzen und darin die Knochen (auch die Sehnen) von allen Seiten kräftig anbräunen. Das Gemüse einstreuen und weitere 8 Minuten braten. Das Tomatenmark hinzufügen, das Ganze rösten und nach und nach mit Wein ablöschen – dabei immer wieder die gesamte Flüssigkeit einkochen lassen. Je langsamer Sie den Wein zugießen, um so intensiver wird der Geschmack. Die Pfefferkörner, Lorbeerblätter und die entsprechenden Gewürze beigeben.

Mit Wasser oder besser Brühe aufgießen und bei reduzierter Hitze mindestens 2 Stunden köcheln lassen. Zwischendurch immer wieder abschäumen.

Die Sauce durch ein Sieb passieren, auf die gewünschte Menge und Stärke einkochen, auskühlen lassen und griffbereit für den Gebrauch in den Kühlschrank stellen.

Je nach Saucenart die entsprechenden Knochen und Abschnitte verwenden. Für eine gehaltvolle Lammsauce Kräuter wie Thymian, Basilikum, Rosmarin und Minze verwenden, für Schwein Kümmel und mehr Zwiebeln, für Kalb Rosmarin und Salbei.

Um sich etwas Saucenvorrat für längere Zeit aufzubewahren, ein kleiner Tip: Reduzieren Sie die Grundsauce ganz stark ein und frieren Sie sie im Eiswürfelbereiter ein. So haben Sie immer eine Grundsauce quasi portionsweise in bester Qualität parat.

GRUNDBRÜHE FÜR FISCH

ZUTATEN FÜR 2 LITER

1 kg	Karkassen (Gräten, Köpfe, Flossen am besten von Waller, Hecht, Seezunge etc., aber nicht von sehr fetten Fischen)
6	Schalotten, geschält und fein gehackt
40 g	Staudensellerie, gewaschen und klein geschnitten
80 g	Lauch, gewaschen und klein geschnitten
50 g	Fenchel, gewaschen und klein geschnitten
1 EL	Olivenöl
100 ml	Weißwein
1 1/2 l	Wasser
3	Lorbeerblätter
1 TL	weiße Pfefferkörner
2	Nelken
3	Wacholderbeeren
50 g	Kräuter (Dill, Kerbel, Petersilie, Basilikum, Thymian)
20 ml	Noilly Prat, (Wermut)
	Saft von 1/2 Zitrone

UND SO WIRD'S ZUBEREITET

Die Karkassen solange kalt abwaschen, bis das Wasser klar bleibt. Das Gemüse in Olivenöl anbraten. Die Fischkarkassen hinzufügen, einige Minuten weiterbraten und mit Weißwein ablöschen. Mit Wasser aufgießen und kurz aufkochen lassen.

Die Gewürze, die Kräuter sowie den Wermut und den Zitronensaft beigeben. Bei geringer Hitze etwa 20 Minuten köcheln lassen, dabei immer wieder abschäumen. Anschließend durch ein mit einem Tuch ausgelegtes Sieb gießen und bis zum Gebrauch kalt stellen.

Nach dem ersten Aufkochen mit etwas kaltem Wasser abschrecken, so kann sich der Fond besser klären.

Übrigens – Fonds lassen sich ebenso portionsweise einfrieren, wie bei den Grundsaucen beschrieben!

Grundsauce für Geflügel

ZUTATEN FÜR ETWA 2 LITER

1 kg	Geflügelknochen und Innereien (Hälse, Krägen, Herzen, Mägen), gut abgespült
300 g	Röstgemüse (Sellerie, Lauch, Zwiebel, Petersilienwurzel), klein gewürfelt
1 EL	Tomatenmark
250 ml	Weißwein
1 TL	Pfefferkörner
4	Lorbeerblätter
5	frische Thymianzweige
2,5 l	Geflügelbrühe oder Wasser

UND SO WIRD'S ZUBEREITET

Die Geflügelknochen im Bräter von allen Seiten kräftig anbraten. Das Röstgemüse hinzufügen und das Ganze weiter braten. Tomatenmark zugeben und rösten. Mit einem Schuß Wein ablöschen und den Vorgang so oft wiederholen, bis der Wein aufgebraucht ist.

Die Gewürze beigeben und die Brühe eingießen. Bei mittlerer Hitze etwa 1 Stunde köcheln lassen. Durch ein Sieb passieren, abschmecken und nach Belieben mit Kartoffelstärke binden.

Um einen kräftigen Geschmack und eine dunkle Farbe zu erhalten, ist es ratsam, immer wieder mit (wenig) Flüssigkeit abzulöschen, wenn das Bratgut kurz vor dem Ansetzen ist. Diesen Zeitpunkt bekommt man beim Kochen sehr schnell heraus...

Eine Grundsauce für helles Geflügel wie Hendl, Fasan oder Truthahn wird hell gehalten und dafür wird Weißwein verwendet. Für "Dunkles" wie Ente oder Gans wird Rotwein gewählt.

Vorratshaltung wie bei Grundsaucen für Schwein, Kalb und Lamm bereits beschrieben.

Grundsauce für Wild

ZUTATEN FÜR 1 LITER

1 kg	Wildknochen (Sehnen und Abschnitte), klein gehackt
2 EL	Öl
300 g	Röstgemüse (Sellerie, Lauch, Zwiebel, Karotte), gewürfelt
1	Apfel, gewürfelt
1/2	Orange, gewürfelt
1 EL	Tomatenmark
60 g	Mehl
500 ml	Rotwein
1 TL	schwarze Pfefferkörner
4	Lorbeerblätter
2	Nelken
1 EL	Wacholderbeeren, zerdrückt
1	Zimtstange
1/2 TL	Senfkörner
5	frische Thymianzweige
1	frischer Rosmarinzweig
2 EL	Preiselbeeren
2,5 l	Brühe oder Wasser
	Salz und Pfeffer
	Zucker
	etwas Senf

UND SO WIRD'S ZUBEREITET

Die Knochen in heißem Öl von allen Seiten scharf anbräunen. Das Röstgemüse, die Früchte sowie das Tomatenmark hinzufügen und das Ganze unter kräftigem Rühren weiter braten. Schluckweise mit Rotwein ablöschen, ganz einkochen lassen, denn so wird der Saucengeschmack wesentlich intensiver. Die Sauce wird dunkler und bekommt einen seidenen Glanz.

Die Gewürze zugeben sowie das Mehl einrühren und nochmals kurz rösten. Die Brühe angießen und die Sauce bei reduzierter Hitze etwa 2 Stunden köcheln lassen. Mit Salz, Pfeffer, Senf und Zucker abschmecken. Durch ein Sieb gießen und bis zum Gebrauch kalt stellen.

Vorratshaltung wie bei Grundsaucen für Schwein, Kalb und Lamm bereits beschrieben.

RINDERBRÜHE

ZUTATEN FÜR CA. 3 LITER

1 kg	Rinderknochen; vom Metzger zerkleinert
400 g	Markknochen
600 g	Ochsenfleisch (Brust, Schulter oder Tafelspitz)
1	Zwiebel, ungeschält und halbiert
3	Lorbeerblätter
2	Nelken
4	Wacholderbeeren
1 TL	weiße Pfefferkörner
100 g	Sellerie, geschält und grob geschnitten
100 g	Karotte, geschabt und grob geschnitten
100 g	Lauch, gewaschen und grob geschnitten
1	Knoblauchzehe, geschält und grob gehackt
1	Tomate, gewaschen und grob gehackt
1/2 Bund	Petersilie, gewaschen und grob gehackt
4 l	Wasser

UND SO WIRD'S ZUBEREITET

Die Knochen in kochendem Wasser kurz blanchieren, herausnehmen und kalt abspülen. In einen Topf legen und mit 4 l kaltem Wasser aufgießen. Zum Kochen aufstellen und beim ersten Aufkochen das Fleisch hinzufügen.

Die Zwiebel mit den Schnittflächen auf der Herdplatte bräunen und in die Suppe geben (intensiviert den Geschmack und die Farbe). Die Gewürze einstreuen und die Brühe bei reduzierter Hitze etwa 2 bis 3 Stunden leise köcheln lassen. Die Oberfläche öfter abschäumen.

Das Suppengemüse die letzte 1/2 Stunde hinzufügen. Sobald das Fleisch gar ist, dieses aus der Suppe nehmen und in kaltes Wasser legen. Die Brühe durch ein Sieb passieren. Erst vor der unmittelbaren Verwendung salzen.

Möchten Sie die Brühe hell halten, so lassen Sie die gebräunte Zwiebel weg. Das Fleisch können Sie anderweitig verwenden!

FRANKENWEIN-DRESSING

ZUTATEN FÜR CA. 1,5 LITER

2	Zwiebeln, geschält und fein gewürfelt
2	Knoblauchzehen, geschält und fein gewürfelt
1	Lorbeerblatt
600 ml	Frankenwein, weiß
200 ml	Essig 5%
600 ml	Öl
300 ml	Wasser
25 g	Salz
30 g	Zucker
4 g	Pfeffer
40 g	Feinwürzmittel

UND SO WIRD'S ZUBEREITET

Die Zwiebeln und Knoblauchzehen zusammen mit dem Lorbeerblatt in einen Topf geben und mit Weißwein aufgießen. Zum Kochen aufstellen und auf die Hälfte der Menge einkochen. Vom Herd nehmen und leicht abkühlen lassen.

Den etwas erkalteten Weißwein mit den übrigen Zutaten kräftig verrühren. Ganz erkalten lassen und für Salate verwenden.

Eignet sich als Salatdressing, für Rindfleisch- und Fischmarinaden. Eine Verfeinerung ist mit frischen Kräutern möglich. Diese sollten aber erst kurz vor dem Servieren beigegeben werden.

Das Frankenweindressing in Flaschen oder Behälter abfüllen und als Vorrat in den Kühlschrank stellen. Allerdings vor Gebrauch schütteln, da sich das Öl nach oben absetzt.

WÖRNBRUNNER SALATSAUCE

ZUTATEN FÜR 1,5 LITER

1 bis 2	Knoblauchzehen, grob gehackt
100 g	Zwiebeln, grob gehackt
25 g	Salz
10 g	Pfeffer
10 g	Feinwürzmittel
1	Ei
40 g	mittelscharfer Senf (Develey)
300 ml	Wasser
1 l	Öl
140 ml	Essig 5%

UND SO WIRD'S ZUBEREITET

Knoblauch, Zwiebeln mit Salz, Pfeffer, Ei, Feinwürzmittel, Senf und der Hälfte des Wassers im Mixer fein aufschlagen. Das Öl langsam einrühren, zuletzt Essig und Wasser beigeben.

Die Mengenbeigabe von Wasser kann je nach Intensität von Knoblauch und Essig sowie nach Jahreszeit etwas variieren.

Bei kühler Lagerung läßt sich das Salatdressing bis zu 4 Wochen aufbewahren (nicht abdecken). Bei Gebrauch eventuell noch etwas verdünnen.
Mit einer Prise Currypulver läßt sich ein neues Dressing erzielen.

WALNUSS-DRESSING

ZUTATEN FÜR 1,2 LITER

350 ml	Pflanzenöl
350 ml	Walnußöl
20 g	Salz
10 g	Pfeffer
30 g	Zucker
350 ml	Wasser
100 ml	Sherryessig
80 g	Walnüsse, gehackt
20 g	Feinwürzmittel

UND SO WIRD'S ZUBEREITET

Sämtliche Zutaten im Küchenmixer zu einem pikanten Dressing kräftig verrühren.

Walnußöl ist nicht gerade billig, jedoch hervorragend und sehr edel im Geschmack. Vor allem für Vorspeisensalate zu empfehlen. Harmoniert fein zu Avocado, Spargel sowie zu Artischocken.

RAHMIGE SALATSAUCE

ZUTATEN

400 ml	Sauerrahm
200 ml	Joghurt natur
200 ml	Crème fraîche
1 bis 2	Knoblauchzehen, fein gehackt
	Feinwürzmittel
	abgeriebene Schale und Saft von 1 Zitrone
	Salz und Pfeffer
	etwas Zucker
1 Prise	Curry
100 ml	Olivenöl
	frische Kräuter nach Jahreszeit, Lust und Laune

UND SO WIRD'S ZUBEREITET

Sauerrahm, Joghurt, Crème fraîche, gehackten Knoblauch, Zitronensaft, Zitronenschale, Salz, Pfeffer, Feinwürzmittel und etwas Curry gut verrühren. Dann das Olivenöl langsam einrühren und alles abschmecken. Zum Schluß die gehackten Kräuter beigeben. Gegebenenfalls mit etwas Wasser verdünnen.

Diese Salatsauce eignet sich vor allem für Blattsalate. Läßt sich prima vorbereiten und bis zu einer Woche im Kühlschrank aufbewahren.

Übrigens so schwer wie sie vielleicht klingen mag, ist sie gar nicht. Probieren Sie's mal.

Kartoffel-Dressing

ZUTATEN FÜR 1,5 LITER

400 g	Kartoffeln, geschält und grob zerkleinert
500 ml	Brühe
1	Lorbeerblatt
1 bis 2	Knoblauchzehen, geschält und fein gewürfelt
1 Stück	Speckschwarte
10 g	Salz
5 g	Pfeffer
10 g	Feinwürzmittel
125 ml	Essig 5%
125 ml	Sahne
100 g	Zwiebeln, fein gewürfelt
100 g	Speck, fein gewürfelt
250 ml	Öl
	etwas Majoran

UND SO WIRD'S ZUBEREITET

Die Kartoffeln in der Brühe mit Lorbeerblatt, Knoblauch und Speckschwarte weich kochen. Anschließend die Schwarte und das Lorbeerblatt entfernen. Salz, Pfeffer, Feinwürzmittel, Essig sowie Sahne beigeben und alles kurz durchmixen (nicht zu lange, sonst wird alles klebrig).

Die Zwiebel- und die Speckwürfel in etwas Öl anbraten und in das Dressing einrühren. Das Öl langsam einschlagen und mit etwas (zwischen den Händen) geriebenem Majoran abschmecken. Je nach Kartoffelsorte noch etwas verdünnen.

Am besten schmeckt das Dressing lauwarm zu allen Blattsalaten – vor allem aber zu Feldsalat.

Kühl gelagert läßt sich das Dressing etwa 5 Tage aufbewahren.

Lauter süße Sachen

Preiselbeereis-Parfait

Gemischte Beeren mit Zimtschaum überbacken

Bayerischcreme

Kastanien-Spaghetti auf halbgeschlagener Kirschsahne

Tiramisu vom Weißbier

Hollerkücherl

Apfelkücherl in der Mandelkruste gebacken

Mohnkuchen

Beeren-Joghurt-Sülze auf Saucenmalerei

Quark-Soufflé auf Blaubeerragout

Lebkuchen-Gugelhupf

Erdbeerknödel auf Aprikosensauce

Buttermilch-Pfannkücherl mit Aprikosenkompott

Zitronenmaultaschen

Nougatplatzerl

Verliebte Schwänchen mit zweierlei Mousse au Chocolat

Zum Bild links: Ein "Prost" auf die vollbrachte und gelungene Arbeit.

Preiselbeereis-Parfait

ZUTATEN

1	Ei
3	Eidotter
70 g	Zucker
10 g	Vanillezucker
400 g	Preiselbeerkompott
	Saft von 1 Zitrone
300 ml	geschlagene Sahne

UND SO WIRD'S ZUBEREITET

Das Ei, die Eidotter, den Zucker und den Vanillezucker über einem heißen Wasserbad aufschlagen. Sobald die Eiermasse cremig und luftig erscheint mit dem Mixer kalt schlagen.

Die Hälfte der Preiselbeeren mit dem Pürierstab fein zermusen und mit der anderen Hälfte unter die schaumige Eiermasse rühren. Mit Zitronensaft verfeinern.

Zuletzt die geschlagene Sahne unterheben und in eine entsprechende Form (ca. 1 l) füllen. Für mindestens 4 Stunden in den Gefrierschrank stellen.

Das Parfait mit einem erwärmten Messer aufschneiden und mit etwas Preiselbeeren, feinem Gebäck oder einem Kuchen servieren, wie wir es z.B. auf unserem Foto mit Mohnkuchen, Rezept auf Seite 193, gezeigt haben.

Dieses Rezept ist ebenso für andere Kompottsorten geeignet, wie z.B. für Blaubeeren, Holunder, Erdbeeren etc.

Gemischte Beeren mit Zimtschaum überbacken

ZUTATEN FÜR DIE BEEREN

150 g	rote, schwarze und weiße Johannisbeeren, verlesen, gewaschen und trockengetupft
150 g	Himbeeren, verlesen, gewaschen und trockengetupft
150 g	Blaubeeren, verlesen, gewaschen und trockengetupft
1 Päckchen	Vanillezucker
1 EL	Zitronensaft
30 g	Zucker
50 ml	Creme de Cassis

ZUTATEN FÜR DEN ZIMTSCHAUM

3	Eier, getrennt
1	Piccolo
30 g	Zucker
1 Päckchen	Vanillezucker
	gemahlener Zimt nach Belieben

UND SO WIRD'S ZUBEREITET

Die Früchte in einer Schüssel mit Vanillezucker, Zitronensaft, Zucker und Creme de Cassis vorsichtig vermengen; etwa 10 Minuten ruhen lassen. Anschließend auf vier tiefen Tellern verteilen.

Das Eiweiß zu steifem Schnee schlagen und bis zum Gebrauch in den Kühlschrank stellen. Den Piccolo in eine hitzebeständige Schüssel gießen. Mit den Eidottern, dem Zucker sowie dem Vanillezucker verrühren.

Den Ofen auf 200°C vorheizen.

Die Schüssel auf ein heißes Wasserbad setzen und das Sekt-Ei-Gemisch solange schlagen, bis ein cremig lüftiger Schaum entstanden ist. Die Schüssel vom Wasserbad nehmen und die Sauce kurz kalt schlagen. Zuletzt eine Prise Zimt und den Eischnee unterheben.

Den Zimtschaum auf den marinierten Früchten verteilen. In den vorgeheizten Ofen schieben und in 8 Minuten überbacken. Sofort servieren.

Je nach Gusto andere Fruchtsorten verwenden und zusätzlich mit Zimt bestäuben.

Dazu passen diverse Speiseeissorten oder Fruchtsaucen.

Bayerischcreme

ZUTATEN

3 Blatt	*Gelatine*
250 ml	*Milch*
1/2	*Vanillestange*
3	*Eidotter*
50 g	*Zucker*
250 ml	*geschlagene Sahne*

UND SO WIRD'S ZUBEREITET

Die Gelatine in kaltem Wasser einweichen. Die Milch mit dem Mark der Vanillestange aufkochen. Die Eidotter und Zucker schaumig rühren.

Die heiße Milch langsam und unter ständigem Rühren in die Eiercreme eingießen. Über einem heißen Wasserbad solange weiterrühren, bis eine merklich dickere Masse entstanden ist. Die Gelatine fest ausdrücken und in der aufgeschlagenen Creme auflösen, dann kalt rühren.

Sobald die Creme leicht fest wird, d.h. wenn die Gelatine ihre Wirkung zeigt, die geschlagene Sahne unter die Creme heben. In Portionsschalen füllen und für mindestens 1 bis 2 Stunden in den Kühlschrank stellen.

Dazu säurehaltige Fruchtsaucen wie z.B. aus Himbeeren oder Erdbeeren reichen.

Falls Sie das Dessert stürzen möchten, sollten Sie ein Blatt Gelatine mehr verwenden.

Die Bayerischcreme ist ein echter Klassiker unter der Vielfalt der Desserts. Die Creme dient zudem als Grundlage für alle möglichen Geschmacksrichtungen. Bevor die Schlagsahne untergehoben wird, den gewünschten Geschmack in Form von Aprikosenpüree, Schokolade, Zimt, Nußpaste etc. beigeben.

Kastanien-Spaghetti auf halbgeschlagener Kirschsahne

ZUTATEN

300 g	Kastanien (Maronen), geschält
250 ml	Milch
500 ml	Sahne
50 g	Zucker
1 TL	Vanillezucker
	Kirschwasser
	Kirscharoma
	Puderzucker und frische Minzeblättchen für die Garnitur

UND SO WIRD'S ZUBEREITET

Die Kastanien in Milch und 250 ml Sahne unter Zusatz von Zucker etwa 20 Minuten weich kochen. Anschließend in der Küchenmaschine fein pürieren, gegebenenfalls noch etwas Sahne hinzufügen.

Die restliche Sahne mit dem Vanillezucker, dem Kirschwasser und Kirscharoma halb steif schlagen. Das Kastanienpüree durch eine Spätzlepresse auf die Kirschsahne drücken. Mit Puderzucker und Minzeblättchen garnieren.

Das Foto zeigt das Gericht garniert mit einer gebackenen Kirsche und einer Marzipankastanie.

Dieses Dessert ist zwar keine Kalorienbombe, aber auch keine leichte Süßspeise mehr. Das Lieblingsdessert des Autors!

Tiramisu vom Weissbier

ZUTATEN

3	Eidotter
50 g	Zucker
10 g	Vanillezucker
250 g	Mascarpone
375 ml	Weißbier
1 Prise	gemahlenen Zimt
1 Prise	gemahlenen Piment
	Korianderkörner, zerstoßen
150 g	Löffelbiskuits
60 g	Pumpernickel, gerieben und geröstet
	Folie zum Abdecken
	Puderzucker zum Bestäuben
	ein paar frische Himbeeren

UND SO WIRD'S ZUBEREITET

Eidotter, Zucker und Vanillezucker schaumig rühren; Mascarpone vorsichtig unterrühren.

Das Weißbier mit Zimt, Piment und Koriander verquirlen.

Die Hälfte der Löffelbiskuits in eine flache Form oder Schüssel dicht nebeneinander setzen. Die Hälfte von dem gewürzten Weißbier darüberträufeln und darauf einen Teil Mascarponemasse streichen.

Die restlichen Löffelbiskuits auf die Creme setzen und diese wiederum mit Mascarponemasse bestreichen. Das fertige Tiramisu mit gerösteten Pumpernickelbröseln gleichmäßig bestreuen. Mit Folie abdecken und am besten über Nacht im Kühlschrank ziehen lassen.

Das Tiramisu mit einem Löffel, der nach jedem Portioniervorgang unter heißes Wasser gehalten wird, ausstechen. Die Teller mit frischen Minzeblättern und frischen Himbeeren dekorieren (siehe Foto) und üppig mit Puderzucker bestäuben.

Wer sagt, daß man Weißbier ausschließlich trinken soll?

ZUTATEN

8	Holunderblütenzweige, gewaschen und abgetropft
250 ml	Milch
180 g	Mehl
2	Eier
	Salz
	Fett zum Ausbacken
	Zimt
	Zucker

UND SO WIRD'S ZUBEREITET

Aus Milch, Mehl, Eiern und einer Prise Salz einen glatten Pfannkuchenteig herstellen.

Die Holunderblüten in den Teig tauchen, kurz abtropfen lassen und in heißem Fett (etwa 170°C) ausbacken.

Mit Zimt und Zucker bestreuen und sofort servieren.

Der Holunder blüht etwa Ende Mai bis Ende Juni. Die gebackenen Blüten haben einen leicht herben Geschmack, der für seine Liebhaber eine ganz besondere Delikatesse ist.

Dazu paßt eine Vanillesauce oder – wie auf dem Foto – Blaubeerkompott am besten.

APFELKÜCHERL IN DER MANDELKRUSTE GEBACKEN

ZUTATEN

2	Äpfel (Gloster oder Granny Smith)
150 g	Mehl
1	Eidotter
125 ml	helles Bier
	Salz
1 EL	Öl
2	Eiweiß
30 g	Zucker
	Mehl zum Wenden
50 g	Mandelstifte
	Fett zum Ausbacken
100 g	Zucker
1 EL	Zimt

UND SO WIRD'S ZUBEREITET

Die Äpfel schälen, mit einem Rundstecher vom Kerngehäuse befreien und jeweils in vier große Ringe schneiden.

Aus dem Mehl, dem Eidotter, dem Bier, einer Prise Salz und dem Öl einen flüssigen Ausbackteig herstellen. Das Eiweiß mit Zucker steif schlagen und unter den Teig heben.

Die Apfelringe in Mehl wenden, in den Bierteig tauchen und mit Mandelstiften überstreuen. Sofort in heißem Fett von jeder Seite 2 bis 3 Minuten schwimmend ausbacken.

Aus dem Fett herausnehmen und auf einem Gitter abtropfen lassen. Den Zucker mit dem Zimt vermengen und die Apfelringe darin wenden.

Dazu noch etwas gesüßten sauren Rahm und Eis servieren.

Diese Apfelkücherl schmecken besonders gut, da sie durch die Mandelstifte einen knusprig nussigen Geschmack bekommen.

MOHNKUCHEN

ZUTATEN

100 g	Butter
100 g	Zucker
4	Eier, getrennt
1 Schuß	Rum
30 g	Mehl
30 g	Semmelbrösel
150 g	gemahlener Mohn
	Butter für die Kuchenform
	Puderzucker zum Bestäuben

UND SO WIRD'S ZUBEREITET

Den Ofen auf 175°C vorheizen.

Die Butter mit der Hälfte vom Zucker schaumig schlagen. Die Eidotter sowie Rum, Mehl, Semmelbrösel und Mohn hinzufügen.

Das Eiweiß mit dem restlichen Zucker cremig schlagen und unter die Masse heben. Eine beliebige Kuchenform ausbuttern und mit Mehl ausklopfen. Den Kuchenteig einfüllen und im Ofen etwa 45 Minuten backen.

Den fertigen Kuchen herausnehmen und 10 Minuten ruhen lassen. Aus der Form stürzen und mit Puderzucker bestreuen.

Den lauwarmen Mohnkuchen mit Früchten und Eis servieren – sieht lecker aus und schmeckt phantastisch.

Der Mohnkuchen ist auf Seite 182 als Beilage zum Preiselbeer-Eis-Parfait abgebildet.

Beeren-Joghurt-Sülze auf Saucenmalerei

ZUTATEN FÜR 1 TERRINE ODER GUGLHUPFFORM

3	Eidotter
150 g	Quark
120 g	Zucker
	Saft von 1 Zitrone
400 g	Joghurt
8 Blatt	Gelatine
200 ml	Sahne, steif geschlagen
200 g	Beeren der Saison, gewaschen, verlesen und trockengetupft
3	verschiedene Saucen, à 60 g, z.B. Aprikosen, Erdbeeren, Sauerrahm
	Klarsichtfolie für die Form

UND SO WIRD'S ZUBEREITET

Die Eidotter mit Quark, Zucker, Zitronensaft und Joghurt gründlich verrühren. Die Gelatine in kaltem Wasser einweichen, ausdrücken und mit drei Eßlöffeln Ei-Quark-Masse leicht erwärmen (dadurch löst sich die Gelatine auf). Anschließend unter die ganze Masse mischen.

Die Beeren mit der Schlagsahne unter die Joghurtmasse heben. Eine entsprechende Form mit Klarsichtfolie auslegen und das Ganze einfüllen. Mit Klarsichtfolie abdecken und für mindestens 3 Stunden kalt stellen.

Die Saucen auf Teller aufgießen. Mit einem Gabelgriff oder einem Holzspießchen die Saucen ineinanderziehen. Die Joghurtsülze in Scheiben schneiden und auf den Teller legen.

Mit frischen Minzeblättern und einigen Beeren garnieren.

Besonders leicht und wie Sie sehen auch hübsch.

Quark-Soufflé auf Blaubeerragout

ZUTATEN

250 g	Quark
3	Eier, getrennt
75 g	Puderzucker
125 g	Sauerrahm
20 g	Puddingpulver mit Vanillegeschmack
400 g	frische Blaubeeren, gewaschen, verlesen und trockengetupft
	Zucker nach Bedarf
1 EL	Weizenstärke

UND SO WIRD'S ZUBEREITET

Den Ofen auf 170°C vorheizen.

Quark, Eidotter, Puderzucker und Sauerrahm glatt rühren. Das Eiweiß mit Cremepulver cremig, aber nicht steif schlagen. Unter die Quarkmasse heben. Souffléförmchen oder Kaffeetassen mit Butter auspinseln und mit Kristallzucker ausklopfen. Die cremige Masse zu 3/4 in die Förmchen füllen und sofort im Ofen ca. 25 Minuten backen.

Für das Blaubeerragout die frischen Blaubeeren mit Zucker kurz aufkochen. Die Weizenstärke mit etwas Wasser anrühren und das Ragout leicht binden.

Die Soufflés nach dem Backen aus den Förmchen stürzen und sofort auf dem Blaubeerragout anrichten.

Es passen auch andere Saucen wie z. B. Aprikosen, Erdbeeren, Zwetschgen, Schokolade und Fruchtpürees dazu!

Achtung: Beim Soufflé ist es genauso wie bei manchen anderen Dingen im Leben. Es bleibt nicht lange stehen.

LEBKUCHEN-GUGELHUPF

ZUTATEN

120 g	Butter
60 g	Puderzucker
6	Eidotter
100 g	flüssige Schokolade
2 TL	Lebkuchengewürz
	Mark von 2 Vanilleschoten
	Salz
2 TL	Zimt
1 Prise	Nelkenpulver
	Bittermandelaroma
120 g	Biskuitbrösel (oder Kuchenbrösel)
30 g	Walnüsse, gemahlen
25 g	Weizenpuder
5	Eiweiß
60 g	Zucker
	Butter und Zucker für die Gugelhupfform

UND SO WIRD'S ZUBEREITET

Den Ofen auf 160°C vorheizen.

Butter und Zucker schaumig rühren. Die Eidotter beigeben und weiter schaumig schlagen. Nach und nach alle Zutaten bis einschließlich Weizenpuder in angegebener Reihenfolge unterrühren.

Das Eiweiß mit dem Zucker cremig, aber nicht steif aufschlagen, dann vorsichtig unter die Lebkuchenmasse heben. Eine entsprechende Gugelhupfform ausbuttern, mit Zucker ausklopfen und die Masse zu 3/4 einfüllen.

Den Lebkuchen-Gugelhupf in den Ofen schieben und etwa 45 Minuten backen. Herausnehmen, stürzen und lauwarm servieren.

Dazu einen Glühwein oder einen Punsch reichen. Schmeckt auch als Dessert mit Eis und saurem Rahm hervorragend.

Übrigens: Trockener Sandkuchen läßt sich auf diese Weise prima verarbeiten.

Erdbeerknödel mit Aprikosensauce

ZUTATEN FÜR DEN QUARKTEIG

50 g	weiche Butter
1	Ei
50 g	Zucker
	Salz
	abgeriebene Schale von 1/2 Zitrone
200 g	trockener Quark oder Schichtkäse
120 g	Mehl
8 bis 10	große Erdbeeren, gewaschen und geputzt
1	kleine Dose Aprikosen
1 Schuß	Aprikosen- oder Orangenlikör

ZUTATEN FÜR DIE ZUCKERBRÖSEL

2 EL	Semmelbrösel
30 g	Butter
1 EL	Zucker
	etwas Zimt

UND SO WIRD'S ZUBEREITET

Die Butter mit dem Ei, dem Salz und der Zitronenschale aufschlagen. Den Quark in einem Tuch fest auspressen und durch ein feines Sieb drücken. Quark und Mehl unter die Buttermasse kneten. Anschließend den Teig für etwa 1 Stunde in den Kühlschrank stellen. Den gekühlten Quarkteig auf einer bemehlten Arbeitsfläche 1/2 cm dick ausrollen. Je eine Erdbeere in einen ausgeradelten Teigflecken wickeln, der doppelt so groß ist. Die Knödel fest nachformen und in siedendem Wasser 10 Minuten ziehen lassen. Mit einem Schaumlöffel herausnehmen und auf einem Tuch abtropfen lassen.

Die Aprikosen mit wenig Saft und einem Schuß Aprikosenlikör im Küchenmixer fein pürieren.

Für die Zuckerbrösel Butter, Zucker und Brösel in einer Pfanne leicht rösten, eine Prise Zimt beigeben. Die Erdbeerknödel darin wenden und mit der Aprikosensauce anrichten.

Es geht auch umgekehrt: Machen Sie aus 1/2 Aprikose die Knödel und aus Erdbeeren die Sauce. Dazu benötigt man allerdings mehr Quarkteig und mehr Erdbeeren.

Buttermilch-Pfannkücherl mit Aprikosenkompott

ZUTATEN

200 ml	Buttermilch
2	Eidotter
50 ml	Créme fraîche
1	Ei
30 g	Zucker
120 g	Mehl
25 g	Butter, flüssig
	Salz
	Saft und abgeriebene Schale von 1/2 Zitrone
	Butter zum Ausbacken
1 Dose	Aprikosen
1 TL	Weizenpuder
	etwas Aprikosenschnaps

UND SO WIRD'S ZUBEREITET

Die Buttermilch mit den Eidottern, der Créme fraîche, dem Ei, dem Zucker, dem Mehl, Zitronensaft, Abgeriebenem der Zitronenschale und der flüssigen Butter zu einem glatten Pfannkuchenteig verrühren.

Aus dem Teig kleine Pfannkuchen in Butter ausbacken und diese warm stellen.

Den Doseninhalt in ein Sieb abgießen und dabei den Saft auffangen. Diesen mit etwas angerührter Weizenstärke ganz leicht andicken. Die Aprikosen in Spalten schneiden und in den angedickten Saft einlegen. Zuletzt mit Aprikosenschnaps parfümieren.

Die Pfannkuchen mit dem Aprikosenkompott füllen, auf Teller legen und mit Puderzucker überstäuben.

Dazu paßt Eis hervorragend!

Natürlich sollten Sie zur entsprechenden Saison frische Früchte verwenden.

ZITRONENMAULTASCHEN

ZUTATEN FÜR DEN TEIG

125 g	Mehl
1	Ei
2 EL	Öl
	etwas lauwarmes Wasser

ZUTATEN FÜR DIE FÜLLUNG

250 ml	Zitronenpudding oder
250 ml	Milch
60 g	Zucker
	abgeriebene Schale von 1 Zitrone
25 g	Stärke oder Puddingpulver
	etwas Zitronensaft
1	Eidotter, verquirlt

ZUTATEN ZUM FERTIGSTELLEN

2 EL	Butter
1 EL	Zucker

UND SO WIRD'S ZUBEREITET

Mehl, Ei, Öl und etwas Wasser zu einem geschmeidigen, nicht zu festen Teig kneten. Die Teigoberfläche dünn mit Öl bestreichen, mit Folie abdecken und 1 Stunde im Kühlschrank ruhen lassen.

Die Milch mit dem Zucker und der Zitronenschale aufkochen lassen. Das Stärke- oder Puddingpulver mit etwas zurückgehaltener Milch glattrühren und in die kochende Milch einrühren. Den Topfinhalt leicht abkühlen lassen und mit dem Zitronensaft und der abgeriebenen Zitronenschale verfeinern.

Den Nudelteig auf einer bemehlten Arbeitsfläche möglichst dünn ausrollen. Auf die eine Hälfte des Teiges, im Abstand von etwa 4 cm, kleine Kleckse vom Zitronenpudding auflegen. Die andere Teighälfte dünn mit dem verquirltem Eidotter bestreichen und über die gefüllte Teighälfte schlagen. Die Zwischenräume fest zusammendrücken und mit einem Teigrädchen Maultaschen ausradeln.

In siedendes Salzwasser legen und 2 bis 3 Minuten kochen lassen.

Die fertigen Maultaschen auf einem Tuch gut abtropfen lassen. Die Butter in der Pfanne schmelzen, Zucker einstreuen und die Maultaschen einlegen. Auf beiden Seiten karamelisieren lassen.

Auf einer Himbeersauce anrichten und nach Belieben mit frischen Früchten garnieren.

NOUGATPLATZERL

ZUTATEN

3	*Eier*
150 g	*Zucker*
	Salz
75 g	*Nüsse, gerieben*
35 g	*Mehl*
100 g	*Nougat zum Füllen*
	Backpapier für das Blech
	Puderzucker oder Kakaopulver zum Bestäuben

UND SO WIRD'S ZUBEREITET

Den Ofen auf 200°C vorheizen und ein Backblech mit Backpapier auslegen.
Eier, Zucker sowie Salz verrühren und über einem warmen Wasserbad luftig aufschlagen. Anschließend kalt schlagen. Die geriebenen Nüsse und das Mehl vorsichtig unterheben.
Den Teig in einen Spritzbeutel füllen und mit einer mittleren Lochtülle Plätzchen auf das Backblech setzen. In den vorgeheizten Ofen schieben und etwa 5 Minuten backen.
Die Plätzchen kurz auskühlen lassen. Das Nougat leicht erwärmen, die Plätzchen damit bestreichen und jeweils zwei zusammensetzen. Mit Puderzucker oder Kakaopulver bestäuben.

Ein Feingebäck, das nicht nur zur Weihnachtszeit schmeckt und so manche üppige Sahnetorte zum Kaffee in den Schatten stellt!

Verliebte Schwänchen mit zweierlei Mousse au Chocolat

ZUTATEN FÜR DIE DUNKLE MOUSSE

70 g	Eidotter
60 g	Zucker
75 g	dunkle Kuvertüre
180 ml	Sahne, geschlagen

ZUTATEN FÜR DIE HELLE MOUSSE

70 g	Eidotter
80 g	Zucker
75	helle Kuvertüre
1 1/2 Blatt	Gelatine
180 ml	Sahne, geschlagen

ZUTATEN FÜR DEN BRANDTEIG

200 ml	Milch
80 g	Butter
	Salz
	Zucker
	frisch geriebene Muskatnuß
160 g	Mehl
200 g	Eier,
	Fett für das Backblech

ZUBEREITUNG FÜR DIE DUNKLE MOUSSE

Die Eidotter und den Zucker sehr schaumig rühren. Die Kuvertüre schmelzen und unter die Eimasse mischen. Zuletzt die geschlagene Sahne unterheben und die Mousse kalt stellen.

FÜR DIE HELLE MOUSSE

Die helle Mousse ebenso zubereiten, wie die dunkle. Jedoch nach der Zugabe der Kuvertüre die vorher eingeweichte Gelatine einrühren. Ebenfalls kalt stellen.

FÜR DEN BRANDTEIG

Für den Brandteig die Milch, die Butter, Salz, Zucker und Muskatnuß zum Kochen aufstellen. Das Mehl auf ein Mal in die kochende Milch geben und solange rühren, bis sich ein Teigkloß und am Topfboden eine weiße Schicht bildet. Den Teig nur kurz abkühlen, in ein anderes Gefäß geben und die Eier einzeln unterrühren.

Den Brandteig in einen Spritzbeutel füllen. Auf einem gefetteten Backblech die einzelnen Teile für die Schwanenkörper aufspritzen. Mit einer Sterntülle die Körper, Hälse (wie ein Fragezeichen spritzen) und Köpfe mit einer mittleren Lochtülle.

Bei mittlerer Hitze im vorgeheizten Ofen etwa 6 Minuten backen.

Die fertigen Schwänchenkörper diagonal halbieren, oberen Teil für die Flügel horizontal, einzeln mit dunkler sowie weißer Mousse füllen und zusammensetzen. Flügel einsetzen und die Schwanenhälse aufsetzen.

Je einen mit dunkler und einen mit weißer Mousse gefüllten Schwan auf einem Saucenspiegel anrichten. Die Brandteigschwänchen können leicht mit Puderzucker bestäubt werden.

Register

Suppen
Altbayerische Schwammerlsupp'n Seite 32
Basilikumsupperl mit Käseschöberl Seite 38
Entenkraftbrühe mit Semmelpfanzel Seite 42
Erbsensuppe mit Pfefferminzkartoffeln Seite 37
Holledauer Hochzeitssuppe Seite 34
Knoblauchcreme mit Weißbierkrusteln Seite 39
Kohlrabi-Kartoffelsuppe mit Trüffelgeschmack Seite 40
Meerrettichsupperl mit Ochsenfleischwürfel Seite 33
Schaumsupperl von geräucherten Forellen Seite 30
Spargelrahmsuppe mit gebräunten Mandeln Seite 44
Steinpilzsupperl mit Semmelknödelpiccata Seite 36

Fisch und Krustentiere
Bayerischer Flußkrebs mit gefülltem Rucksack Seite 24
Eglifilets in Petersilienbröseln gebacken Seite 51
Fisch-Gugelhupf Seite 58
Fisch-Trio im Strudelteig gebacken Seite 67
Forellenknödel auf Meerrettichsauce Seite 60
Hechtwickerl in Salbeisauce Seite 66
Joghurtsülze vom Lachs und seinem Kaviar Seite 8
Lachs Cordon bleu Seite 52
Lachsforellenfilets im Buttermilchsuppe Seite 64
Lasagne von Lachs und Kohlrabi Seite 62
Piccata vom Bachsaibling Seite 55
Räucherfischkipferl Seite 12
Renkenfilets auf Dillrahmkartoffeln Seite 54
Schwarzer und weißer Pressack von Edelfischen Seite 22
Seezunge in der Kartoffelkruste gebacken Seite 56
Waller aus dem sauren Wurzelsud Seite 50
Wallerfilet auf Rahmsauerkraut Seite 68
Zander im Speckpfannkuchen eingebacken Seite 48

Kalbfleisch
Gefüllte Kalbstascherl à la Süßmeier Seite 72
Gesottenes Kalbsfilet in Safran-Champagner Seite 85
Gesottenes Kalbsherz auf lauwarmem Reherlsalat Seite 26
Kalbsbries gebacken in Kräuterbröseln Seite 76
Kalbsbrust mit Breznfüllung Seite 88
Kalbshaxn im Zitronenrahm Seite 77
Kalbskoteletts in Bavaria blue-Sauce Seite 78

Rindfleisch
Geschmorter Rindswadl Seite 80
Kutteln mit Tomaten und Kümmel Seite 96
Ochs an der Schnur Seite 90
Osso Bucco à la Bavarese Seite 84
Rinderbrühe Seite 174
Rindsroulade in Gurkenrahm Seite 94
Tafelspitz in Tomatengelee Seite 18
Tafelspitz mit Kartoffelsauce Seite 86

Schweinefleisch
Blutwurst-Birnen-Strudel auf Sauerkrautsauce Seite 14
Saupolsterl Seite 92
Spanferkelripperl mit Weißbiersauce und Apfelkücherl Seite 82

Lammfleisch
Junge Lammschulter mit Pfefferminzbutter gefüllt Seite 95

Geflügel
Fasanenbrüsterl mit Kastanienpüree Seite 105
Gefüllte Entenbrust mit Steinpilzen Seite 102
Perlhuhnbrüstchen auf Zitronenrahmnudeln Seite 104

Wild
Eingemachtes Kaninchen wie bei meiner Mama Seite 112
Gamsschnitzel mit Enziansauce Seite 110
Hasenpfeffer mit Hollergelee Seite 100
Hirschrücken auf Glühweinzwiebeln Seite 106
Kaninchenfilet in der Reherl-Mandel-Panade Seite 109
Marinierte Truthahnsteaks mit Aprikosen-Zwiebelragout Seite 113
Rehfilet und Rehfleischpfanzel Seite 114
Rehnüsschen auf Sahnereherl Seite 108
Rehrücken mit Lebkuchenkruste Seite 116

Saucen
Braten-Grundsauce für Kalb, Schwein oder Lamm Seite 170
Frankenwein-Dressing Seite 175
Grundbrühe für Fisch Seite 171
Grundsauce für Geflügel Seite 172
Grundsauce für Wild Seite 173
Kartoffel-Dressing Seite 179
Rahmige Salatsauce Seite 178
Walnuß-Dressing Seite 177
Wörnbrunner Salatsauce Seite 176

Gemüse und Salate
Bavaria-blue-Spinat Seite 167
Blaukraut mit Zimt und Orangen Seite 130
Feldsalat mit Blaukraut-Dressing und Walnüssen Seite 13
Frischer Spargel mit Basilikum-Hollandaise Seite 142
Gefüllte Gemüsepfannkuchen Seite 150
Gemüseg'röstl auf Kartoffelquark Seite 152
Gemüselasagne mit Olivenragout Seite 138
Kartoffel-Birnen-Gratin Seite 132
Kastanien-Krautwickerl Seite 121
Kohlrabigmias Seite 134
Lauchkuchen Seite 140
Rösti mit frischen Steinpilzen in Petersilienrahm Seite 143
Schrobenhausener Spargel a l'Orange Seite 10
Sellerieschnitzel in Parmesanbröseln gebacken mit Joghurtsauce Seite 146
Wirsinggmias Seite 125
Wörnbrunner Krautwickerl Seite 74
Traubensalat mit Lachsforelle Seite 20

Beilagen
Bayerische Nudelfleckerl "Pasta Bavarese" Seite 166
Brezngugelhupf Seite 126
Gefüllte Gemüsepfannkuchen Seite 150
Grüne Knödel Seite 145
Grünwalder Ritterzipfe Seite 128
Hollerspätzle Seite 120
Kartoffel-Quark-Nockerl Seite 131
Kartoffel-Apfel-Püree Seite 124
Käse-Kartoffel-Spätzle Seite 158
Markknöderl Seite 123
Marzipanbratapfel Seite 122
Müslidatschi mit Radieserlsauce Seite 151
Omas Teigknödel Seite 133
Rösti mit frischen Steinpilzen in Petersilienrahm Seite 143
Sekt-Graupen-Risotto Seite 135

Pilze
Altbayerische Schwammerlsupp'n Seite 32
G'röste Reherl auf Bauernbrot Seite 148
Schwammerl Seite 144
Schwammerl-Maultaschen Seite 147
Schwammerlsulz'n mit gebratenem Rehfilet Seite 16

Käse
Allgäuer Bergkäs' in Salbeibrösel gebacken Seite 159
Bayerisches Käsefondue Seite 163
Bratkartoffeln mit Birne und Bavaria blue Seite 156
Cambozola in der Traubensulz'n Seite 162
Käse-Pfannkücherl Seite 164
Miesbacher Käse-Soufflé mit Radieserln und Rucola Seite 160

Nachspeisen
Apfelkücherl in der Mandelkruste gebacken Seite 192
Bayerischcreme Seite 185
Beeren-Joghurt-Sülze auf Saucenmalerei Seite 194
Buttermilch-Pfannkücherl mit Aprikosenkompott Seite 200
Erdbeerknödel auf Aprikosensauce Seite 198
Gemischte Beeren mit Zimtschaum überbacken Seite 184
Hollerkücherl Seite 190
Kastanien-Spaghetti auf halbgeschlagener Kirschsahne Seite 186
Lebkuchen-Gugelhupf Seite 197
Marzipanbratapfel Seite 122
Mohnkuchen Seite 193
Nougatplatzerl Seite 202
Preiselbeereis-Parfait Seite 182
Quark-Soufflé auf Blaubeerragout Seite 196
Seidene Preiselbeerknödel Seite 129
Tiramisu vom Weißbier Seite 188
Verliebte Schwänchen mit zweierlei Mousse au Chocolat Seite 203
Zitronenmaultaschen Seite 201

Alphabetisches Register

Apfelkücherl in der Mandelkruste gebacken Seite 192

Basilikumsupperl mit Käseschöberl Seite 38

Bavaria-blue-Spinat Seite 167

Bayerischcreme Seite 185

Beeren mit Zimtschaum überbacken, Gemischte Seite 184

Beeren-Joghurt-Sülze auf Saucenmalerei Seite 194

Bergkäs' in Salbeibrösel gebacken, Allgäuer Seite 159

Blaukraut mit Zimt und Orangen Seite 130

Blutwurst-Birnen-Strudel auf Sauerkrautsauce Seite 14

Braten-Grundsauce für Kalb, Schwein oder Lamm Seite 170

Bratkartoffeln mit Birne und Bavaria blue Seite 156

Breznguglhupf Seite 126

Buttermilch-Pfannkücherl mit Aprikosenkompott Seite 200

Cambozola in der Traubensulz'n Seite 162

Eglifilets in Petersilienbröseln gebacken Seite 51

Entenbrust mit Steinpilzen, Gefüllte Seite 102

Entenkraftbrühe mit Semmelpfanzel Seite 42

Erbsensuppe mit Pfefferminzkartoffeln Seite 37

Erdbeerknödel auf Aprikosensauce Seite 198

Fasanenbrüsterl mit Kastanienpüree Seite 105

Feldsalat mit Blaukraut-Dressing und Walnüssen Seite 13

Fisch-Gugelhupf Seite 58

Fisch-Trio im Strudelteig gebacken Seite 67

Fischgerichte Seite 47

Fleisch und Innereien Seite 71

Flußkrebs mit gefülltem Rucksack, Bayerischer Seite 24

Forellenknödel auf Meerrettichsauce Seite 60

Frankenwein-Dressing Seite 175

Für alles eine Sauce – Grundrezept Seite 169

Gamsschnitzel mit Enziansauce Seite 110

Gemüseg'röstl auf Kartoffelquark Seite 152

Gemüselasagne mit Olivenragout-Seite 138

Gemüsepfannkuchen, Gefüllte Seite 150

Grundbrühe für Fisch Seite 171

Grundsauce für Geflügel Seite 172

Grundsauce für Wild Seite 173

Grüne Knödel Seite 145

Grünwalder Ritterzipfe Seite 128

Hasenpfeffer mit Hollergelee Seite 100

Hechtwickerl in Salbeisauce Seite 66

Hirschrücken auf Glühweinzwiebel Seite 106

Hochzeitssuppe, Holledauer Seite 34

Hollerkücherl Seite 190

Hollerspätzle Seite 120

Joghurtsülze vom Lachs und seinem Kaviar Seite 8

Kalbsbries gebacken in Kräuterbröseln Seite 76

Kalbsbrust mit Breznfüllung Seite 88

Kalbsfilet in Safran-Champagner, Gesottenes Seite 85

Kalbshaxn im Zitronenrahm Seite 77

Kalbsherz auf lauwarmem Reherlsalat, Gesottenes Seite 26

Kalbskoteletts in Bavaria blue-Sauce Seite 78

Kalbstascherl à la Süßmeier, Gefüllte Seite 72

Kaninchen wie bei meiner Mama, Eingemachtes Seite 112

Kaninchenfilet in der Reherl-Mandel-Panade Seite 109

Kartoffel-Apfel-Püree Seite 124

Kartoffel-Birnen-Gratin Seite 132

Kartoffel-Dressing Seite 179

Kartoffel-Quark-Nockerl Seite 131

Käse - nicht nur zum Brot Seite 155

Käse-Kartoffel-Spätzle Seite 158

Käse-Pfannkücherl Seite 164

Käsefondue, Bayerisches Seite 163

Kastanien-Krautwickerl Seite 121

Kastanien-Spaghetti auf halbgeschlagener Kirschsahne Seite 186

Knoblauchcreme mit Weißbierkrusteln Seite 39

Kohlrabi-Kartoffelsuppe mit Trüffelgeschmack Seite 40

Kohlrabigmias Seite 134

Krautwickerl, Wörnbrunner Seite 74

Kutteln mit Tomaten und Kümmel Seite 96

Lachs Cordon bleu Seite 52

Lachsforellenfilets im Buttermilchsupperl Seite 64

Lammschulter mit Pfefferminzbutter gefüllt, Junge Seite 95

Lasagne von Lachs und Kohlrabi Seite 62

Lauchkuchen Seite 140

Lauter süße Sachen Seite 181

Lebkuchen-Gugelhupf Seite 197

Markknöderl Seite 123

Marzipanbratapfel Seite 122

Meerrettichsupperl mit Ochsenfleischwürfel Seite 33

Miesbacher Käse-Soufflé mit Radieserln und Rucola Seite 160

Mohnkuchen Seite 193

Müslidatschi mit Radieserlsauce Seite 151

Nougatplatzerl Seite 202

Nudelfleckerl "Pasta Bavarese", Bayerische Seite 166

Ochs an der Schnur Seite 90

Osso Bucco à la Bavarese Seite 84

Perlhuhnbrüstchen auf Zitronenrahmnudeln Seite 104

Piccata vom Bachsaibling Seite 55

Preiselbeereis-Parfait Seite 182

Preiselbeerknödel, Seidene Seite 129

Pressack von Edelfischen, Schwarzer und weißer Seite 22

Quark-Soufflé auf Blaubeerragout Seite 196

Räucherfischkipferl Seite 12

Register Seite 206

Reherl auf Bauernbrot, G'röste Seite 148

Rehfilet und Rehfleischpfanzel Seite 114

Rehnüsschen auf Sahnereherl Seite 108

Rehrücken mit Lebkuchenkruste Seite 116

Renkenfilets auf Dillrahmkartoffel Seite 54

Rinderbrühe Seite 174

Rindsroulade in Gurkenrahm Seite 94

Rindswadl, Geschmorter Seite 80

Rösti mit frischen Steinpilzen in Petersilienrahm Seite 143

Salatsauce, Rahmige Seite 178

Salatsauce, Wörnbrunner Seite 176

Saupolsterl Seite 92

Schaumsupperl von geräucherten Forellen Seite 30

Schrobenhausener Spargel a l'Orange Seite 10

Schwammerl Seite 144

Schwammerl und Gmias als Hauptsache Seite 137

Schwammerl-Maultaschen Seite 147

Schwammerlsulz'n mit gebratenem Rehfilet Seite 16

Schwammerlsupp'n, Altbayerische Seite 32

Schwänchen mit zweierlei Mousse au Chocolat, Verliebte Seite 203

Seezunge in der Kartoffelkruste gebacken Seite 56

Sekt-Graupen-Risotto Seite 135

Sellerieschnitzel in Parmesanbröseln gebacken mit Joghurtsauce Seite 146

Spanferkelripperl mit Weißbiersauce und Apfelkücherl Seite 82

Spargel mit Basilikum-Hollandaise, Frischer Seite 142

Spargelrahmsuppe mit gebräunten Mandeln Seite 44

Steinpilzsupperl mit Semmelknödelpiccata Seite 36

Suppen - alle zum Löffeln Seite 29

Tafelspitz in Tomatengelee Seite 18

Tafelspitz mit Kartoffelsauce Seite 86

Teigknödel, Omas Seite 133

Tiramisu vom Weißbier Seite 188

Traubensalat mit Lachsforelle Seite 20

Truthahnsteaks mit Aprikosen-Zwiebelragout, Marinierte Seite 113

Vorspeisen Seite 7

Vorwort Seite 5

Waller aus dem sauren Wurzelsud Seite 50

Wallerfilet auf Rahmsauerkraut Seite 68

Walnuß-Dressing Seite 177

Was es so dazu gibt Seite 119

Wild und Geflügel Seite 99

Wirsinggmias Seite 125

Zander im Speckpfannkuchen eingebacken Seite 48

Zitronenmaultaschen Seite 201